Angelika von der Beek
Bildungsräume für Kinder von Null bis Drei

Angelika von der Beek

BILDUNGS
RÄUME
für Kinder
von Null bis Drei

verlag das netz

Weimar

Bitte richten Sie Ihre Wünsche, Kritiken und Fragen an: service@verlagdasnetz.de

ISBN 978-3-937785-38-7

Lektorat: Erika Berthold
Gestaltung: Jens Klennert, Tania Miguez
Fotos: Matthias Buck, Angelika von der Beek, Klaus Dombrowsky, Gerd E. Schäfer
Druck und Bindung: siblog GmbH, Dresden

Weitere Informationen finden Sie unter www.verlagdasnetz.de

Inhalt

Einleitung

Bildung für Kinder unter drei Jahren? Hört sich das nicht übertrieben an?

Nein, und ich bin sogar sicher: Eines nicht allzu fernen Tages werden ebenso vielen Kindern Krippenplätze zur Verfügung gestellt wie den Drei- bis Sechsjährigen, die ein Anrecht auf einen Kindergartenplatz haben. Und zwar aus den gleichen Gründen: Um ihnen die Entwicklung zu eigenverantwortlichen Persönlichkeiten, den Austausch mit Gleichaltrigen, soziale Chancengleichheit und ihren Eltern die Vereinbarkeit von Familie und Beruf zu ermöglichen.

Ich weiß, diese Forderung ist noch unpopulär. Nicht nur wegen der hohen Kosten für Krippenplätze, sondern auch aufgrund dieses stereotypen Bildes: Kleine Kinder sind schwach und hilflos. Deswegen brauchen sie den Schutz und die alleinige Fürsorge ihrer Mütter.

Dass dieses Mutter-Kind-Bild in einer patriarchalischen Gesellschaft auch die Funktion hat, die Privilegien von Männern zu sichern, ändert nichts an der Tatsache, dass ihm immer noch viele Frauen anhängen.

Was unterscheidet ein Kind im Krippenalter vom Kindergarten- oder Schulkind – bis auf die Tatsache, dass das Krippenalter die Zeit im Leben eines Kindes ist, in der es am meisten lernt?[1] Und warum sollte die Krippe als Institution der öffentlichen Erziehung nicht eine ebensolche Aufgabe wie Kindergarten und Schule übernehmen?

Es gibt wahrscheinlich keine Zeit, in der Kinder höhere Ansprüche an die Erziehungskunst der für sie Verantwortlichen stellen, als die frühe Kindheit. Warum sollten Eltern als »ungelernte« Erzieher für eine solch anspruchsvolle Aufgabe besser geeignet sein als professionelle Erzieherinnen? Denen stehen immerhin Räume zur Verfügung, die sie als »Dritten Erzieher« nutzen können.

Forschergeist in Windeln

Die überschwängliche Formulierung »Forschergeist in Windeln«[2] verleiht der Begeisterung darüber Ausdruck, wie viel Säuglinge aus wie wenig machen. Sie erzielen nicht nur hervorragende Ergebnisse, sondern auch die Methoden, mit denen sie sie erreichen, sind fantastisch. Sie beschäftigen sich eingehend mit den Dingen. Sie ordnen und vergleichen, sie experimentieren und variieren, sie analysieren und stellen Zusammenhänge her. Selbst Wissenschaftler, also Menschen, deren geistige Fähigkeiten uns am höchsten entwickelt zu sein scheinen, verfügen über keine anderen Methoden als der – wie es im englischen Originaltitel heißt – »Scientist in the Crib«, der Wissenschaftler in der Wiege.

---

1 Schäfer, G. E. (Hrsg.): Bildung beginnt mit der Geburt. Beltz Verlag 2005
2 Gopnik, A./Kuhl, P./Meltzoff, A.: Forschergeist in Windeln. Ariston 2000

Die Betonung der Fähigkeiten von Säuglingen muss auch vor dem Hintergrund verstanden werden, dass die Jüngsten noch bis vor 30 Jahren kein Forschungsgegenstand der etablierten Wissenschaft waren. Vor allem unter Medizinern gab es viele selbsternannte Experten für die »Wissenschaft vom Säugling«, die in Babys lediglich Reflexbündel sahen. Und der Volksmund sprach vom »dummen ersten Jahr«.

Es waren kulturell und ökonomisch bestimmte Gründe, die die Gesellschaft veranlassten, kein Geld in Forschungen über die Entwicklung von kleinen Kindern zu investieren, und Wissenschaftler bewogen, sich diesem Gebiet nicht einmal ansatzweise zuzuwenden. Jeder Mann, der sich mit solchem »Frauen- und Kinderkram« beschäftigte, musste befürchten, mit Nichtachtung gestraft zu werden.

Eine relevante Anzahl von Wissenschaftlern und Wissenschaftlerinnen, die sich mit Säuglingsforschung beschäftigen, gibt es bisher ohnehin nur im englischsprachigen Raum. Auffällig ist, dass es in der Regel die eigenen Kinder sind, die die Experten das Staunen lehren. Das lässt hoffen. Und es könnte sein, dass dies das Ergebnis einer gesellschaftlichen Bewegung ist, in deren Verlauf die Emanzipation von Frauen dazu beitrug, dass Frauen und Männer Kinder gleichberechtigter großziehen, sich Männer demzufolge mehr für Kinder interessieren und dieses Interesse auch wissenschaftlich fruchtbar machen können, weil Kindererziehung sich ganz allmählich von einer ausschließlich den Frauen obliegenden Angelegenheit zu einem gesellschaftlich höchst relevanten Feld entwickelt.

Es gibt einen scheinbaren Widerspruch zwischen dem neuen Bild vom kompetenten Kind und der Betonung dessen, was ein Kind in seinen ersten Lebensmonaten und -jahren alles lernt. Die Auflösung des Missverständnisses liegt in der Auslegung des Begriffs »kompetent«. Er meint in diesem Zusammenhang nicht »alles können«, sondern »alles lernen können«.

Vom Alpha und Omega der Beobachtung

Die Vorschläge zur Entwicklung von Bildungsräumen für Kinder von null bis drei Jahren, die ich Ihnen, liebe Leserin, lieber Leser, in den nächsten Kapiteln unterbreite, stammen aus drei Quellen: theoretische Einsichten, Konzepte und Erfahrungswissen. Was sie verbindet, ist die Beobachtung.

Das wissenschaftliche Bild vom Kind, von dem ich ausgehe, beruht auf Beobachtungen. Die Konzepte, die ich verwende, sind das Ergebnis beobachtender Wahrnehmung. Mein eigenes und das Erfahrungswissen anderer könnte man auch Beobachtungswissen nennen, denn es beruht auf der Wahrnehmung und Reflexion konkreter alltäglicher Phänomene.

Einig sind sich deutsche und internationale Wissenschaftler, die sich mit frühkindlicher Entwicklung beschäftigen, dass Kinder aktive, soziale Wesen sind – ausgestattet mit allem Notwendigen, das sie brauchen, um sich zu kompetenten Erwachsenen zu entwickeln. Gerd E. Schäfer[3] hat das in der bundesrepublikanische Diskussion am differenziertesten dargelegt. Deshalb gehe

3   Schäfer, G. E.: Spiel, Spielraum und Verständigung. Juventa Verlag 1986; Schäfer, G. E.: Bildungsprozesse im Kindesalter. Juventa Verlag 1995; Schäfer, G. E.: Aus der Perspektive des Kindes? In: Neue Sammlung, 3/1997, S. 377-394; Lepenies, A./Nunner-Winkler, G./Schäfer, G. E./ Walper, S.: Kindliche Entwicklungspotentiale – Normalität, Abweichung und ihre Ursachen. Verlag Deutsches Jugendinstitut 1999; Schäfer, G. E. (Hrsg.): Bildung beginnt mit der Geburt. Beltz Verlag 2005

ich bei der Entwicklung eines Konzepts für die Unterstützung von Bildungsprozessen der jüngsten Kinder von den theoretischen Prämissen des von Schäfer entwickelten Bildungsansatzes aus. Die Theorien, aus denen dieser Ansatz entwickelt wurde – ob es sich um neurobiologische Erkenntnisse von Lise Eliot[4], um die psychoanalytisch inspirierte Baby-Beobachtung von Daniel Stern[5], um die sprach-entwicklungspsychologische Forschung von Jerome Bruner[6] oder um alte und neue entwicklungspsychologische Untersuchungsergebnisse handelt –, beruhen im Wesentlichen auf Beobachtungen.

Beobachtung ist auch die Grundlage der Konzepte, auf die ich mich berufe – von Emmi Pikler über die Krippen-Pädagogik in Reggio bis zu den Early-Excellence Centers[7]. In diesen Konzepten spielt die Wahrnehmung kindlicher Bedürfnisse und dessen, was Kinder können, eine zentrale Rolle. Handlungsempfehlungen für Erzieherinnen, für Tagesabläufe, Raumgestaltung und Materialien werden aus der Beobachtung entwickelt.

Mein Erfahrungswissen und das derjenigen Kolleginnen und Kollegen, mit denen ich seit langem zusammenarbeite, kommt vor allem bei der Gestaltung von Räumen für die Erwachsenen, die Kinder unter drei Jahren betreuen, zum Tragen. Dieses Wissen beruht ausschließlich auf Beobachtungen. Theorien oder Konzepte, die man nachlesen kann, gibt es dafür nicht. Es entsteht sowohl durch das solidarisch-kritische Beobachten dessen, was Erzieherinnen tun, als auch durch die Wahrnehmung der Bedürfnisse, die Erzieherinnen von Krippenkindern artikulieren.

Meine Empfehlungen zur Gestaltung von Räumen für Erwachsene, die mit sehr jungen Kindern arbeiten, beruhen auf Beobachtungen, die nicht nur ein Mal, sondern häufig und an verschiedenen Orten gemacht wurden und über die mit den Betroffenen reflektiert wurde. Die Tauglichkeit praktischer Lösungen beobachtete ich zum Teil über Jahre hinweg. Dabei ergaben sich Veränderungen, und in einigen Fällen zog ich Empfehlungen wieder zurück, weil sie sich als unpraktikabel erwiesen.

Solche Irrwege – des begrenzten Umfangs dieses Buches wegen beschreibe ich sie nicht – lassen sich nicht vermeiden, wenn man handelt, aber man kann daraus lernen. Der Wissenschaftsjournalist Reinhard Kahl spricht in diesem Zusammenhang vom »Lob des Fehlers«.

Sie, liebe Leserin, lieber Leser, können allerdings kaum etwas falsch machen, wenn Sie die Kinder vor der Auswahl von Material und vor der Gestaltung von Räumen intensiv beobachten. Probieren Sie also die eine oder andere Anregung ungescheut und ohne Angst vor Fehlern aus.

Was heißt beobachten?

Weil mit dem Begriff »Beobachtung« vielerlei Vorgehensweisen bezeichnet werden, möchte ich an dieser Stelle erläutern, was ich unter Beobachtung verstehe.

In aller Regel mündet Beobachtung in Bögen oder Skalen. Ich greife hier das Beispiel der Leuvener Engagiertheitsskala von Ferre Laevers auf, weil sie

---

4   Eliot, L.: Was geht da drinnen vor. Die Gehirnentwicklung in den ersten fünf Lebensjahren. Berlin Verlag 2001
5   Stern, D.: Tagebuch eines Babys. Was ein Kind sieht, spürt, fühlt und denkt. Piper Verlag 2003
6   Bruner, J.: Wie das Kind sprechen lernt. Verlag Hans Huber 2002
7   Die genannten Konzepte werden im Kapitel »Krippenpädagogik ist eigenständige Pädagogik« kurz dargestellt.

häufig verwendet wird. Der belgische Erziehungswissen-schaftler begründet, warum »aufgabenbezogenes Enga-gement« ein umfassendes Qualitätskriterium darstellt. Engagiertheit »zeigt, wie die erzieherische Umgebung ein Kind beeinflusst – und zwar auf der Stelle. Sie ist ein recht einfacher Indikator für einen sehr komplexen Interaktionsprozess zwischen einer Unmenge von Fak-toren in der Betreuungsperson, der Infrastruktur, der Gruppe und dem Individuum. Zu einem gewissen Maße enthält sie sogar die andere zentrale Prozessvariable (Wohlbefinden), insofern die meisten kleinen Kinder kein hohes Maß an aufgabenbezogenem Engagement zeigen würden, wenn sie sich in der Einrichtung nicht zu Hause fühlten.«[8]

Auf den ersten Blick scheint die Leuvener Engagiert-heitsskala »nur« die Engagiertheit von Kindern zu messen. Das Zitat von Laevers belegt aber, dass sie als Qualitätsmaßstab für die pädagogische Arbeit gedacht ist.

Ich sehe ein Problem darin, dass über den »Umweg« der Engagiertheit von Kindern nach der Qualität der Einrichtung gefragt wird. Problematisch finde ich auch die Fragestellung. Führt die Feststellung, dass ein Kind sich nicht in eine Sache vertieft, tatsächlich dazu, nicht nur beim Kind, sondern auch in der »Umgebung« nach Gründen zu suchen? Enthält eine Skala zur Beobachtung kindlicher Engagiertheit auch solche Fragen wie: Ist es vielleicht viel zu laut? Ist der Spielort wohlmöglich ein »Verkehrsweg«, so dass andere Kinder stören »müssen«? Kann das Kind das Material handhaben, oder ist es zu »schwer«? Handelt es sich um etwas, das das Kind unterfordert? Auch andere Beobachtungen, die sich nur auf ein Kind beziehen, sagen nicht unbedingt etwas über die Fähigkeit des Kindes aus, sich für eine Sache zu engagieren. Das Kind kann kränkeln. Oder es ver-hält sich nur unkonzentriert oder orientierungslos, weil es neu in der Einrichtung ist.

Was sagt die Beobachtung in einem solchen Fall aus? Die Erzieherin hat nichts über die Fähigkeiten des Kin-des erfahren, sondern Anhaltspunkte dafür gewonnen, ihr eigenes Verhalten zu überprüfen. Im Krankheitsfall braucht das Kind liebevolle Zuwendung. Eventuell ist ein Anruf bei der Mutter oder dem Vater nötig, damit sie es früher abholen. Im anderen Fall kann es sich um ein Anzeichen nicht gelungener Eingewöhnung han-deln. Auch in diesem Fall sollte sich die Erzieherin dem Kind zuwenden. Darüber hinaus müsste das Team viel-leicht das Eingewöhnungskonzept der Kita überprüfen.

Das Problem liegt also darin, dass ein Qualitätsmess-instrument dazu dient – oder besser: missbraucht wird –, um einen Bogen zur Beobachtung des Verhal-tens von Kindern auszufüllen.

Zur Rechtfertigung von Beobachtungsbögen werden immer wieder Beispiele unerwünschter kindlicher Ak-tivitäten wie das Spiel mit Wasser angeführt, um zu begründen, dass Erwachsene genau hinschauen sollen, was die Kinder tatsächlich machen. Dies wird mit dem Aufruf verbunden: »Bitte nicht stören! Kind in Entwick-lung!« »Durch die Blume« wird darauf aufmerksam gemacht, dass viele der kindlichen Spiele, die Erwach-sene nicht mögen, gut für die Entwicklung der Kinder sind. Auch hier stellt sich die Frage, ob ein Beobach-tungsbogen allein das richtige Mittel ist, um »blinde Flecken« der Erwachsenen sichtbar zu machen.

---

8   Laevers, F.: Qualität frühkindlicher Erziehung: Was wir von Praxis und Forschung in Flandern lernen können. In: Fthenakis, W. E./Textor, M. (Hrsg.): Qualität von Kinderbetreuung. Beltz Verlag 1998, S. 251

Beobachtungsbögen dienen in erster Linie dazu, die Beobachtungsgabe der Erzieherinnen zu schärfen. Das ist sicherlich ein sinnvoller Zweck. Doch Beobachtungskategorien verführen allzu leicht, nicht nur wahrzunehmen, sondern in erster Linie zu bewerten.

Auch in einem der Early Excellence Centres, in Pen Green, wird die Leuvener Engagiertheitsskala angewandt. Außerdem benutzt man dort den Begriff »Schemata«, der entwickelt wurde, um zu verstehen, was kleine Kinder tun, um Muster im Verhalten der Kinder zu entdecken und sie vor dem Hintergrund einer Theorie, nämlich der Entwicklungspsychologie von Jean Piaget, zu interpretieren.

Eines der frühesten und verbreitetsten Schemata ist das Schema »gerade Linie«. Es findet sich nicht nur, wenn Kinder mit einem Stift umgehen, sondern auch beim Hin- und Herschieben von Autos oder beim Fallenlassen von Gegenständen.

Die theoretische Erklärung kindlichen Verhaltens ermöglicht es den Erwachsenen, einen Sinn darin zu sehen, dass kleine Kinder zum Beispiel immer wieder Gegenstände fallen lassen. Das Schema als Beobachtungshilfe erleichtert es sowohl Erzieherinnen als auch Eltern, sich das ihnen oft fremde Verhalten der Kinder zu erklären.

Meiner Meinung nach ist die Beobachtung junger Kinder mit Hilfe von Schemata nicht so fruchtbar, wie sie auf den ersten Blick erscheinen mag. Ich könnte auch ohne Schemata erstaunliches Verhalten von Kindern wahrnehmen und ihnen von vornherein unterstellen, dass das, was sie tun, sinnvoll für sie ist. Das heißt noch nicht, dass ich tatsächlich immer verstehe, was Kinder tun. Aber ich habe immerhin drei Möglichkeiten. Erstens: Ich schaue genauer hin und entdecke den

Sinn. Zweitens: Ich versuche ihn herauszufinden, indem ich mich mit dem Kind – verbal oder nonverbal – verständige. Drittens: Ich stelle fest, dass ich das Kind nicht verstehe. Angesichts dieser Alternativen scheinen mir Schemata nicht immer hilfreich zu sein.

Auch wenn das Kind einen Sinn mit seinem Tun verbindet, muss ich als Erwachsene nicht alles akzeptieren, was es macht. Aber ich sollte unterscheiden zwischen Nicht-Akzeptieren und Nicht-Verstehen. Verstehe ich etwas nicht, muss ich es dem Kind ja nicht allein aus diesem Grund untersagen. Umgekehrt heißt das, dass ich Verbote ausspreche, obwohl ich verstehe, was das Kind will. Trotzdem verbiete ich es, weil ich es für gefährlich halte oder andere schwerwiegende Gründe habe.

Bin ich bereit, kindlichem Verhalten prinzipiell einen Sinn zu unterstellen, muss ich ein mir fremdes Verhalten eines Kindes nicht als Ausdruck eines Schemas erklären. Deshalb erscheint mir der Rückgriff auf die Schemata zumindest als Umweg. Suche ich mit Hilfe eines Schemas wie der Linie nach Mustern im kindlichen Verhalten, reduziere ich möglicherweise eine komplexe Situation auf eine vereinfachte, und dann hilft mir auch die Erklärung »Schema Linie« nicht, angemessen auf das Kind einzugehen. Der Schema-Begriff verführt dazu, auf der Erscheinungsebene nach Phänomenen zu suchen, ohne die Qualität kindlicher Handlungen angemessen auszudrücken.

Anhand der Leuvener Engagiertheitsskala und des Schema-Begriffs lässt sich gut erklären, worin der Unterschied zwischen einem Beobachtungsbogen und der Art von Beobachtung besteht, die meines Erachtens für die Erfassung frühkindlicher Bildungsprozesse am geeignetsten ist: wahrnehmende Beobachtung und Dokumentation.

Durch wahrnehmende Beobachtung werde ich aufmerksam auf das, was Kinder erleben, tun und denken. Da mich interessiert, was sie tun und wie sie es im Detail tun, erfahre ich etwas über ihr Erleben und Denken. Indem ich sie wahrnehmend beobachte, erfahren die Kinder zum einen anerkennende Resonanz auf ihr Handeln, zum anderen gewinne ich konkrete Anknüpfungspunkte für mein pädagogisches Handeln.

Wahrnehmendes Beobachten ist ein Mittel zur Verständigung. Es schafft die Voraussetzung dafür, dass die Stimme des Kindes gehört und berücksichtigt wird. Wahrnehmendes Beobachten ist umso wichtiger, je weniger die Kinder sich über Sprache verständlich machen können. Durch wahrnehmendes Beobachten ermöglichen wir es Kindern, an unserem erzieherischen Handeln zu partizipieren.

Gerd E. Schäfer spricht davon, dass wahrnehmendes Beobachten »eine professionelle Haltung ist, um die Bildungsprozesse wahrzunehmen und wirkungsvoll zu unterstützen«[9] ist. In diesem Prozess nimmt sich die Erzieherin innerhalb des Gruppengeschehens für 5, 10 oder 20 Minuten zurück und lässt aufmerksam einzelne oder mehrere Kinder bei ihrer Tätigkeit auf sich wirken. »Diese Art der Beobachtung ereignet sich aber auch spontan, wenn irgendetwas im alltäglichen Ablauf die Aufmerksamkeit der Erzieherin auf sich zieht und sie auf das neugierig wird, was sich gerade abspielt.«[10] Solche ungerichtete oder offene Beobachtung unter-

Bei der offenen Beobachtung geht es in erster Linie um die Sensibilisierung für kindliches Handeln. Um die eigenen Wahrnehmungsmöglichkeiten zu differenzieren, können Ihnen folgende Fragen helfen: »Was sehe ich? Was höre ich? Was fühle ich (Emotionen)?«[11]

scheidet sich deutlich von der gerichteten Aufmerksamkeit mit Hilfe von Bögen oder Skalen.

»Wahrnehmendes, entdeckendes Beobachten bedeutet, in das Geschehen mit einzutauchen und empathisch mit dabei zu sein. ›Empathisch mit dabei sein‹ verlangt, auch sich selbst wahrzunehmen. Wahrnehmen geschieht über alle Sinneskanäle – die Fernsinne, die Körpersinne, die Gefühle – gleichzeitig. Man nimmt wahr, was man als bedeutungsvoll erlebt. Dabei sind es die Gefühle, welche die Aufmerksamkeit der Beobachterin und des Beobachters lenken. Die Gefühle hängen eng mit den eigenen biografischen Erfahrungen zusammen. Die Beobachterin sollte sich immer wieder ins Bewusstsein rufen, inwiefern ihre Aufmerksamkeitsrichtung etwas mit ihren eigenen Lebenserfahrungen zu tun hat.«[12]

Um vom Beobachten nicht gleich zum Bewerten zu kommen, ist es hilfreich, sich schriftliche Notizen zu machen. Beginnen Sie mit dem wahrnehmenden Beobachten, ist es völlig ausreichend, wenn Sie sich zunächst einmal nur das notieren, was Sie von den Kindern sehen, hören und – falls Sie auch dazu noch kommen – was Sie selbst fühlen.

---

9 Schäfer, G. E./Alemzadeh, M.: Wahrnehmendes Beobachten, verlag das netz 2012, S. 53
10 Schäfer, G. E. (Hrsg.): Bildung beginnt mit der Geburt. Beltz Verlag 2005, S. 167
11 Schäfer 2005, S. 168
12 Schäfer 2005, S. 169

Nach meinen Erfahrungen werden solche anfangs oft spärlichen Notizen im Laufe der Zeit immer reichhaltiger. Kurze Schilderungen kindlicher Tätigkeiten ergeben, wenn Sie sie sammeln, aussagekräftige Entwicklungsgeschichten.

Im nächsten Schritt können Sie sich beim Beobachten detaillierte Fragen stellen. Gerd E. Schäfer schlägt dazu vor, sich bei den Beobachtungen an den Selbstbildungspotenzialen der Kinder zu orientieren.[13] Zu diesen Potenzialen gehört die Fähigkeit der Kinder, die Wirklichkeit über ihre Sinne wahrzunehmen. Neben den Fernsinnen zählen die Körpersinne und die Gefühle dazu.

Folgende Fragen können Sie zu detaillierteren Beobachtungen anregen: Was nehmen die Kinder mit ihrem Körper wahr? Was sehen sie? Was hören sie? Welche Gefühle drücken sie aus?

Ein weiteres kindliches Selbstbildungspotenzial besteht in der Fähigkeit, soziale Beziehungen aufzunehmen. Deswegen sollten Sie beobachten, wie sich Kinder miteinander, aber auch mit Erwachsenen verständigen.

Schließlich ist forschendes Lernen ein Potenzial, über das Kinder von Anfang an verfügen. Mögliche Fragen zum forschenden Lernen: Welchen Herausforderungen stellt sich das Kind? Wie probiert es aus, was es noch nicht kann? Macht es das allein oder mit anderen Kindern gemeinsam? Welche Fragen stellt es?

Angesichts der rasanten Entwicklung der Kinder werden Sie über mangelnde Anlässe für Beobachtungen nicht klagen können. Schwieriger wird es sein, die innere Ruhe zum Beobachten und ausreichend Zeit für die Niederschrift zu finden. Planen Sie mit dem Team Zeit für die unbedingt notwendige Besprechung Ihrer Beobachtungen ein, und sorgen Sie, wenn nötig, für fachliche Beratung durch Außenstehende.

Wenn Sie Ihre schriftlichen Notizen mit Fotos und Werken der Kinder ergänzen, entsteht eine Dokumentation frühkindlicher Bildungsprozesse. Solche Dokumentationen haben mehrere Funktionen. Sie ermöglichen es Ihnen, Ihre Arbeit zu überdenken. Indem Sie reflektieren, was ein Kind macht, lernen Sie das Kind intensiver kennen und können Ihre Handlungen besser auf das Kind abstimmen. Darüber hinaus können Dokumentationen zur Anpassung der Raumgestaltung und der Materialauswahl an die Bedürfnisse der Kinder genutzt werden.

Dokumentationen frühkindlicher Bildungsprozesse sind eine Art Gedächtnis für die Kinder.

Blättern Kinder in solchen Dokumentationen, vergewissern sie sich ihrer eigenen Geschichte und ihrer Beziehung zur sachlichen Umwelt. Eltern könnten ohne Dokumentationen nicht an den Entwicklungsschritten ihrer Kinder in der Krippe teilhaben. Für Kolleginnen und Kollegen sowie für die Öffentlichkeit entsteht Transparenz, wenn ihnen die Dokumentationen zugänglich sind.

---

13 Schäfer 2005, S. 172

Wie Räume zu Bildungsräumen für die Jüngsten werden

Weil Kinder die Welt über ihre Körper und ihre Sinne erfahren, brauchen sie eine »sinnliche« Umgebung. Sie sind mit allem Notwendigen ausgestattet ist, um ihre Umwelt neugierig zu erforschen, ihre Körperkräfte zu üben und ihre Geschicklichkeit zu entwickeln. Sie brauchen Räume und Materialien, die ihnen genau das ermöglichen.

Grundausstattung für Bildungsräume

- Stufen, Treppen, flache Podeste und Stufenpodeste;
- Sprossenleitern und Treppenwellen;
- schräge Ebenen;
- Einbauten mit festen und beweglichen Untergründen, zum Beispiel aus Tauwerk;
- Hängematten und Hängesessel;
- Schaukeln;
- Wannen zum Hineinsetzen, gefüllt mit Bohnen;
- Schüsseln mit Erbsen, Linsen, Korken, Kieselsteinen oder frisch gesammelten Kastanien zum Umfüllen;
- Höhlen zum Zurückziehen;
- Tücher zum Verkleiden;
- Hocker zum vielfältigen Gebrauch;
- kurze und längere Baumstämme;
- Waschrinnen für Wasserspiele;
- Kleister und Ton zum Experimentieren;
- Staffeleien und flüssige Farben;
- Spiegel in allen möglichen Varianten.

Wenn Sie über die Ausstattung der Räume für Kinder unter drei Jahren neu nachdenken, sollten Sie die vorhandene Möblierung daraufhin überprüfen, ob sie der Lust der Kinder an der Bewegung Rechnung trägt. Gibt es für die Kinder – je nach Alter und Entwicklungsstand – zum Beispiel jederzeit die Möglichkeit, sich hochzuziehen, an einer Art Geländer entlang zu laufen, etwas zu schieben, hoch und runter, rein und raus zu krabbeln, Treppen hinauf und wieder herunter zu steigen und zwischendurch auf einer zweiten Ebene zu verweilen, von der aus sie einen ganz anderen Überblick haben?

Zur eventuell nötigen Veränderung der Möblierung oder Raumgestaltung gesellt sich die Notwendigkeit, die Materialien einer kritischen Überprüfung zu unterziehen. Da Sie den Kindern viele Erfahrungen gar nicht oder nicht allein sprachlich vermitteln können, müssen Sie die Materialien »sprechen« lassen:
- Gibt es neben gekauftem Spielzeug auch »Zeug zum Spielen«, also Alltagsgegenstände, Naturmaterialien, Gesammeltes?
- Ist vielleicht eher zu viel Spielzeug als zu wenig vorhanden? Wenn ja – wird mit dem Gekauften tatsächlich so viel gespielt wie mit dem »Zeug zum Spielen«? Wenn nein – könnte nicht ein Teil des herkömmlichen Spielzeugs verschwinden? Vielleicht sogar auf dem Flohmarkt verkauft werden?
- Entspricht das Material dem Alter der Kinder? Oder eignet es sich doch eher für den Kindergarten? Gibt es zum Beispiel Tücher, Hüte, Ketten und Handtaschen, die für kleine Kinder viel reizvoller sind als – oft zu große – Kleidungsstücke, die ordentlich auf eine Stange gehängt werden müssen, oder eine Verkleidungskiste, der die Kinder nicht ansehen, welche Schätze sie enthält?
- Sind in der Krippe vor allem die Dinge des Alltags vorhanden, übersichtlich präsentiert, angenehm anzufassen, attraktiv anzuschauen?

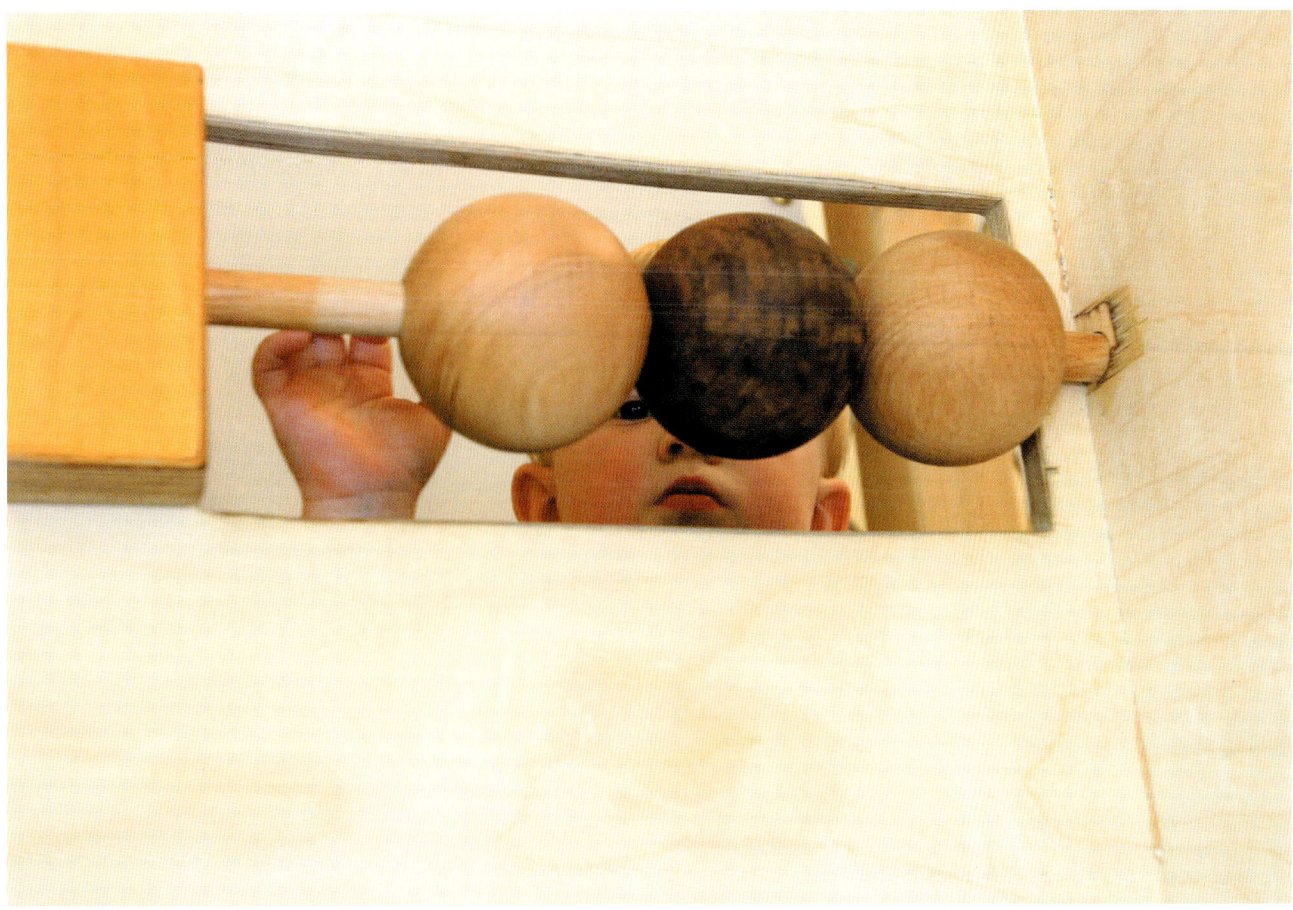

- Gibt es darüber hinaus immer wieder etwas zu entdecken, damit die Kinder ihre Erfahrungen erweitern können?
- Werden Einseitigkeiten vermieden? Sind sowohl weiche und leichte Dinge wie Kissen, Tücher, mit Teppichboden bezogene Styroporwürfel, diverse Schaumstoffteile, aber auch harte und schwere Materialien wie große Bausteine aus Holz oder schmale, breite, kurze und lange Bretter vorhanden?

- Wie differenziert sind die Angebote für die Fernsinne, also für die Wahrnehmung über die Augen, die Ohren und die Nase?
- Gibt es klare Formen, eine harmonische, auf die Funktion abgestimmte Farbgebung, also warme, entspannende Farben im Schlafraum und kühlere, anregende Farben in den Aktivitätsbereichen, viel Tageslicht, aber auch dunklere Zonen zum Verstecken und Ausruhen?

• Ist die Akustik so, dass die Kinder ihren Hörsinn differenziert entwickeln können? Sind Schallschutzdecken vorhanden? Werden schallschluckende Materialien wie – nicht zu leichte – Gardinen verwendet? Sind die Räume, zumindest teilweise, mit Teppichboden ausgelegt? Werden schallharte Flächen vermieden, zum Beispiel dadurch, dass die Spielpodestebenen unlackiert (!) sind?

• Kann der Geruchssinn kultiviert werden? Ist vor allem für die Vermeidung unangenehmer Gerüche gesorgt – durch einen separaten Sanitärbereich, möglichst mit natürlicher Belüftung?

Je kleiner die Kinder sind, desto unumgänglicher ist es, ihre Selbstbildungsprozesse dadurch zu fördern, dass Sie die Räume gestalten und die Materialien auswählen. Gerade dieses Thema wurde und wird allerdings in der Ausbildung und in der Fachliteratur eher vernachlässigt. Deshalb schloss sich 1990 in Hamburg eine kleine Gruppe von Fachleuten aus verschiedenen Berufen zusammen und entwickelte das Hamburger Raumgestaltungskonzept[14], um die Arbeit in den Kitas zu unterstützen und zur Qualifizierung von Fachberatung und Fortbildung beizutragen. Das Konzept knüpfte damals an das Würzburger Modell an, mit dem

Wolfgang Mahlke[15] die Räume in den Kindergärten veränderte. Eine erste Veröffentlichung zum Hamburger Raumgestaltungskonzept beschäftigte sich mit dem Elementarbereich.[16] Das vorliegender Buch führt die Auseinandersetzung zum Thema Raumgestaltung fort – und zwar für die Krippe.

Kleine Kinder brauchen Zeit

Die Feststellung, kleine Kinder erfahren die Welt erst einmal über ihre Körper, könnte das Missverständnis hervorrufen, ihr Geist und ihre Gefühle würden keine große Rolle spielen. Tatsächlich empfinden Kinder aber nicht nur von Geburt an Lust oder Unlust, Behagen oder Abneigung, sondern sie bewerten mit ihren emotionalen Wahrnehmungen alles, was mit ihnen und um sie herum geschieht. Vereinfacht könnte man also Gefühle als bewertete Wahrnehmungen bezeichnen. Gefühle, die sich anfangs grob und unbarmherzig äußern, also ohne Rücksicht auf den Adressaten, verfeinern sich, indem sie mit Erfahrungen angereichert werden, die den Beziehungen zu den Menschen entstammen, mit denen ein Kind verbunden ist.

14 Das Hamburger Raumgestaltungskonzept versteht sich als praktischer Teil eines Bildungskonzepts der frühen Kindheit, das die Bedeutung der Selbstbildungsprozesse von Kindern betont. Die wissenschaftlichen Aussagen über den Selbstbildungscharakter von frühen Bildungsprozessen fanden wir durch unsere Beobachtungen kindlicher Aktivitäten bestätigt, denn wir beobachteten Kinder bei dem, was sie gern und ausdauernd taten. Dies schien uns ein Königsweg, um zu Erkenntnissen darüber zu gelangen, was Kinder brauchen. Nicht selten handelte es sich dabei um eher Verbotenes: irgendwo hochklettern, sich verkriechen, matschen. Häufig funktionierten die Kinder auch etwas um: Möbel, Spielzeug, Regelspiele... Als wir genau hinschauten, gaben uns die Kinder Hinweise, die uns in die Lage versetzten, ihnen das zur Verfügung zu stellen, was sie brauchten. Da das, was sie mit Vergnügen und unermüdlich tun, auch das ist, was sie tun können – ihr Kompetenzniveau –, teilten uns die Kinder unterschiedlichen Geschlechts und verschiedenen Alters etwas über die Notwendigkeit geschlechts- und entwicklungsspezifischer Räume und Materialien mit.

15 Mahlke, W./Schwarte, N.: Raum für Kinder. Beltz Verlag 1989

16 von der Beek, A./Buck, M./Rufenach, A.: Kinderräume bilden. Beltz Verlag 2003

Ebenso wie die Eltern tragen Sie als Erzieherin oder Erzieher in der Krippe zur Differenzierung der emotionalen Wahrnehmung der Kinder bei. Das tun Sie, indem Sie ein Kind aufmerksam wahrnehmen und ihm antworten. Soll mit dieser Antwort auch eine Verständigung verbunden sein, dann müssen Sie die Wahrnehmungs- und daraus folgenden Handlungsweisen des Kindes anerkennen.

Diese Aufgabe ist nicht leicht zu lösen, weil aus der Erwachsenenperspektive manches, was kleine Kinder tun, auf den ersten Blick nicht verständlich oder sogar unsinnig erscheint. In solchen Fällen ist es nützlich, dem kindlichen Handeln – trotzdem – einen Sinn zu unterstellen und – in ungefährlichen Situationen – nicht zu schnell zu reagieren.

> Die Be(ob)achtung von Kindern, gelassene Reaktionen und ein für Kinder erkennbares Interesse an ihren individuellen verbalen und nichtverbalen Äußerungen führen dazu, dass sie ihre eigenständigen Möglichkeiten einsetzen und produktiv weiterentwickeln können.

Um ihren eigenen Fragen nachzugehen und um selbstständig Lösungen für die Probleme zu finden, die sich ihnen stellen, brauchen Kinder Zeit. »Kindliche Zeit ist eine andere als die der Erwachsenen. Sie ist orientiert an konkreten Eindrücken und Sinneserfahrungen, an den Herausforderungen, die die Dinge stellen.«[17] Das lässt sich in vielen Familien und auch im herkömmlichen institutionellen Tagesablauf der Krippe nur schwer verwirklichen.

Als professionelle Erzieherin könnten Sie aber die Chance ergreifen, aus den Erkenntnissen über das, was kleine Kinder brauchen – nämlich Zeit zum Lernen –, praktische Konsequenzen zu ziehen. Sie könnten es den Kindern gestatten, ihrem eigenen Rhythmus zu folgen. Das heißt, je mehr die Räume und Materialien das selbstständige Handeln der Kinder zulassen, je mehr sie den Wechsel zwischen aktiven und ruhigen Phasen selbst bestimmen können und je mehr Wahlmöglichkeiten sie zwischen verschiedenen Gesellungsformen – also dem Spiel allein, zu zweit oder in einer kleinen Gruppe haben, desto mehr können sie ihrem individuellen Rhythmus folgen.

Da Kinder im Krippenalter allerdings häufig allein spielen, ist es eine der größten Herausforderungen für die Krippenpädagogik, bei der Planung der Raumgestaltung und der Auswahl der Materialien das differenzierte Parallelspiel mehrerer Kinder – oder so vieler Kinder, wie die Gruppe hat – zu ermöglichen. Wie im Kindergarten lauter Ecken für vier oder mehr Kinder vorzusehen, das ist für die Jüngsten nicht entwicklungsgerecht.

Differenzierte Raumgestaltung und Materialauswahl muss fließende Übergänge zwischen Alleinspiel, Partner-Spiel und dem Spiel in kleinen Gruppen ermöglichen. Neben dem Spiel allein ist es das Spiel zu zweit, das bei Krippenkindern am häufigsten zu beobachten ist. Deshalb sollten Sie darauf das größte Augenmerk legen.

Die anderen Kinder

Je kindzentrierter der pädagogische Alltag ist, desto stärker kommt die Rolle der anderen Kinder zum Tragen. Dies können Sie fördern, indem Sie die Räume

---

17 Schlüsselsituationen im Krippenbereich: Spielen. In: Stadtkinder extra. Januar 2003. Mitteilungsblatt der Vereinigung Hamburger Kindertagesstätten, Oberstr. 14 b, 20144 Hamburg

und Materialien so »sprechen« lassen, dass sie die Interaktionsmöglichkeiten der Kinder wirksam unterstützen. Das ist der Fall, wenn genügend Betätigungsmöglichkeiten für alle da sind, wenn Kinder Wahlmöglichkeiten haben, wenn sie sich gegenseitig sehen und ihr Spiel miteinander verbinden, aber auch nebeneinander spielen oder sich aus dem Weg gehen können. Da für kleine Kinder die räumliche – genauer: die körperliche – Nähe anderer Kinder den Ausschlag für

die Entwicklung einer Beziehung gibt, sollten Materialien und Räume dieses beziehungsstiftende Kriterium erfüllen.

Welche Bedeutung andere Kinder für Kinder haben, wird in Alltagssituationen am deutlichsten. Beim gemeinsamen Essen und Schlafen, beim Planschen oder Wickeln sind es die anderen Kinder, die beobachtet oder nachgeahmt, als beruhigend oder anregend empfunden werden.

Krippenpädagogik ist eigenständige Pädagogik

Viele Erwachsene glauben, dass Kinder am Anfang ihres Lebens am meisten Hilfe brauchen. Dieser Eindruck ist ebenso verständlich wie problematisch. Zwar müssen kleine Kinder gefüttert und gewickelt werden, aber ihre Abhängigkeit von uns dürfen wir nicht mit Hilflosigkeit verwechseln.

Erwachsene, die für kleine Kinder verantwortlich sind, müssen es ihnen ermöglichen, trotz Abhängigkeit Selbstvertrauen zu entwickeln. Diese Aufgabe ist viel anspruchsvoller, als wir uns das im Allgemeinen klarmachen. Obwohl wir uns ständig um sie kümmern müssen, dürfen wir das selbstständige Handeln der Kinder nicht behindern. Denn nur durch ihre eigenen Aktivitäten gewinnen sie Vertrauen in die eigenen Fähigkeiten.

In meinen Augen haben Sie als Professionelle bessere Chancen als viele Eltern, dies nicht als vollkommen widersprüchliche Anforderung zu erleben. Sie können es den Kindern gestatten, ihrem eigenen Rhythmus zu folgen, vor allem dann, wenn Räume und Materialien das selbstständige Handeln der Kinder, den Wechsel zwischen aktiven und ruhigen Phasen sowie verschiedene Gesellungsformen ermöglichen.

Wesentliche Bedingung für die Engagiertheit der Kinder ist Ihre wohlwollend zurückhaltende, wahrnehmend beobachtende Haltung, eine Haltung, die so aussehen kann, als ob Sie »nichts tun«. Ein Verhalten, das darauf beruht, dem Kind zu ermöglichen, eigenständig tätig zu sein, nennt der britische Kinderarzt und Psychoanalytiker Donald Winnicott: »Alleinsein in Gegenwart anderer«.

Jerome Bruner, gegenwärtig der bedeutendste amerikanische Sprachpsychologe, sieht eine wichtige Aufgabe, die wir Erwachsene für Kinder erfüllen, darin, dass wir die Situation für sie »rahmen«. Wir tun das eigentlich immer, denn wir können, wie Paul Watzlawick[18] so knapp und treffend formuliert, »nicht nicht kommunizieren«. Aber wir legen kommunikatives Verhalten gegenüber Kindern, durch das sie sich von uns angemessen »gerahmt« fühlen, auch nicht automatisch an den Tag. Einem Rahmen liegen nämlich Entscheidungen zugrunde, die wir permanent treffen müssen. Zum Beispiel legen wir die kommunikative »Größe« des Rahmens fest. Je nachdem, wie wir uns verbal – und nonverbal – verhalten, ist der Rahmen angemessen, zu klein oder auch zu groß. Ich würde das Bild des Rahmens sogar auf die Entscheidungen ausdehnen, die Erzieherinnen und Erzieher treffen müssen, wenn sie Räume möblieren oder Spielzeug einkaufen.

> Räume, Möbel und Materialien bilden den Rahmen für kindliche Aktivitäten.

Wenn wir uns für Räume, Möbel und Materialien entscheiden, sind wir allerdings erheblich weniger flexibler als in unseren verbalen Handlungsmöglichkeiten. Die Architektur bleibt uns am längsten erhalten. Aber auch Möbel werden oft nur im Abstand von Jahrzehnten ausgetauscht, und die meisten Materialien halten jahrelang.

Es ist tatsächlich nicht leicht, die richtige Größe für den Rahmen zu finden und auch noch den richtigen Stil: geometrisch, streng, rund, verspielt. Bauhaus, Barock, Jugendstil, Ikea oder Flötotto...

---

18 Paul Watzlawick, ein in Österreich geborener amerikanischer Psychoanalytiker, hat unter anderem die »Anleitung zum Unglücklichsein« verfasst.

Bei den Entscheidungen für Materialien, Möbel und Raumgestaltung spielen neben dem Finanziellen unsere Lebenserfahrung in einer bestimmten Kultur und die übliche berufliche Praxis die ausschlaggebenden Rollen. Geld und persönlicher Geschmack sind zwar wichtige Faktoren, erfahrungsgemäß gibt aber den Ausschlag, was als normales berufliches Handeln gilt.

Die Vorstellung von einem funktional und ansprechend eingerichteten Gruppenraum wird seit Jahrzehnten von Kindergartenmöbel-Firmen bestimmt. Und zwar so selbstverständlich, dass Kindergärten von Flensburg bis zum Bodensee, von Dresden bis Berlin fast alle gleich aussehen. Die Uniformität ihrer Ausstattung erinnert an Laden- und Imbissketten, und das gilt nicht nur für das Innere. So unterschiedlich die äußere Gestalt der Kindergärten sein mag – man erkennt sie fast alle daran, dass mittels Schablonen Gebasteltes in den Fenstern hängt.

Die immer gleichen Möbel – Tische, Stühle, Unterschränke, Schränke, Regale, Betten, Puppenecke und Bauecke – vermitteln nicht nur den Eindruck langweiligen »Einheitsbreis«, sondern sie transportieren ein pädagogisches Programm. Sie sind Behälter von Ideen. In ihnen steckt ein »Bild vom Kind«. Und zwar das Bild eines Kindes, das belehrt werden muss. Im Hintergrund scheint der Klassenraum durch, für die kleinen Kinder »aufgelockert«. Tische und Stühle stehen nicht mehr in Reih und Glied. Die Kinder müssen nicht immer nur auf einem Fleck sitzen. Sie dürfen sich – diszipliniert – von einem Ort zum anderen bewegen. Sie müssen auch nicht alles am Tisch machen. Beim Bauen können sie den Boden benutzen. Das wird ihnen zugestanden, weil sie zu »jung« sind, um »nur« zu lernen. Sie sollen schon noch spielen dürfen.

> Möblierungen sind Behälter von Ideen.

Spielen, auch Frei-Spiel genannt, was eigentlich ebenso unsinnig ist wie der runde Kreis, hat etwas mit selbstbestimmtem Handeln und Wahlmöglichkeiten zu tun, und zwar in allen relevanten Aspekten des Spiels: Zum Spiel gehört der selbstbestimmte Umgang mit Zeit und Raum, also die Wahl des Ortes, an dem gespielt, aber auch des Materials, mit dem gespielt wird, und die Wahl der sozialen Situation, also allein, mit einem Kind oder mit mehreren – und das gilt landläufig als das Gegenteil von Lernen.

Beim Spielen darf ein Kind sich – möglichst nicht zu heftig – bewegen. Beim Lernen nicht, außer wenn es einen speziellen Ort aufsucht, zum Beispiel die Turnhalle, an dem es sich nach Anweisungen bewegt.

Gelernt wird nach immer noch herrschender Meinung gerade dann, wenn etwas nicht freiwillig passiert. In die Schule muss ein Kind gehen, dort muss es stillsitzen, dort müssen alle zur selben Zeit dasselbe tun und haben keine Wahl. Deshalb ist das, was die Kinder dort machen, nicht spielen, sondern lernen.

Die Instruktion – sprich: der Unterricht in der Schule – erfolgt in Intervallen: Nach 45 Minuten gibt es eine Pause, in der etwas ganz anderes gemacht werden kann und soll. Die Kinder müssen nicht mehr stillsitzen, sondern sie dürfen sich bewegen. Sie müssen ihre Aufmerksamkeit nicht mehr auf die Lehrerin oder die Aufgabe richten, sondern sie dürfen sich miteinander unterhalten oder sich auf sich selbst zurückziehen. Sie dürfen spielen oder »toben«. Sie sollen sich jedenfalls entspannen, um sich in der nächsten Unterrichtseinheit wieder konzentrieren und selbst disziplinieren zu können.

Auch hier wird der Gegensatz von Spielen und Lernen deutlich: Lernen ist Anspannung, Spielen ist Entspannung. Beim Lernen sitzt das Kind still, beim Spielen bewegt es sich. Beim Lernen schweigt es oder redet nur, wenn es aufgefordert wird. Beim Spielen redet es nach Herzenslust, wie ihm der Schnabel gewachsen ist. Spielen kann es in der Regel nur mit einigen Wenigen, nicht mit einer Riesengruppe. Und beim Spielen »spielen« die Erwachsenen keine dominante Rolle – sonst ist es kein Spiel.

Die getrennten Welten der Schule und des Kindergartens kennzeichnet also Folgendes: Wenn in der Schule gespielt wird, nämlich in den Pausen, wird nicht gelernt, sondern sich entspannt. Wenn im Kindergarten gelernt wird, wird nicht gespielt, sondern alle Kinder sitzen wie in der Schule – so jedenfalls das gängige Bild – am Tisch und machen dasselbe.

Aus diesem Grunde gab es in den siebziger Jahren die Vorschulmappen. Zwischenzeitlich waren sie in Verruf geraten, völlig zu Recht, weil ihre Wirkung – immerhin empirisch untersucht – die angestrebten Ergebnisse nicht zeitigte. Trotz dieser unbefriedigenden Evaluation scheint es keine Alternative zu Programmen oder Angeboten traditionell schulischer Formen des Lernens im Kindergarten zu geben.

An dieser Stelle beißt sich die Katze in den Schwanz: Weil in der Schule in einer bestimmten Art und Weise gelernt wird, muss auch im Kindergarten, wenn dort gelernt werden soll, eine schulische Form angewandt werden.

> Der Kindergarten ist keine Schule für kleine Kinder, und die Krippe ist kein Kindergarten für noch kleinere Kinder.

Aus diesem Zirkelschluss kommen wir nur heraus, wenn wir uns zutrauen, die Form des schulischen Lernens in Frage zu stellen. Die gesammelten und pädagogisch gewendeten Erkenntnisse der Hirnforschung untermauern diesen Perspektivenwechsel. Erstens machen sie klar, dass die Schule nicht der einzige Ort ist, an dem Kinder lernen, sondern dass die Grundlagen vor der Schule gelegt werden. Zweitens verdeutlichen sie, dass die Grundlagen für das Erbringen schulischer Leistungen von den Kindern selbst – selbstverständlich im Austausch mit ihrer Umwelt – entwickelt wurden, dass es also andere, effektive Formen des Lernens als die in der Schule gibt.

Ich greife die Auseinandersetzung um das von der Schule übernommene Lernen im Kindergarten auf, weil die Krippe bisher am Ende dieser »absteigenden« Linie stand. Das schulische Lernen wurde »verkleinert« auf den Kindergarten, und das Lernen im Kindergarten wurde, noch einmal »verkleinert«, auf die Krippe übertragen. In der Krippe hat man also zu den »Großen« im Kindergarten aufgeschaut und versucht, diese Pädagogik auf die »Kleinen« anzuwenden. Praktikerinnen wissen jedoch, dass dabei kein zufriedenstellendes Konzept herauskam: All das mit Krippenkindern zu machen, was man mit Kindergartenkindern macht, nur ein bisschen... – ja, was eigentlich? Spielerischer? Im Kindergarten geht es doch schon spielerischer zu als in der Schule! Wie soll eine Pädagogik in der Krippe aussehen, die noch spielerischer als spielerisch ist?

Diese »Bildungspyramide« sollten wir von der Spitze auf ihr Fundament stellen. Wir stehen dabei auf der breiten Basis umfangreicher entwicklungspsychologischer und neurobiologischer, empirischer und erziehungswissenschaftlich reflektierter Erkenntnisse und können daraus eine krippenspezifische Pädagogik entwickeln. Wir sollten – wie bei den Kindern, bei denen wir von dem ausgehen, was sie können – die Krippenpädagogik nicht als defizitär gegenüber den anderen Pädagogiken definieren, sondern als eigenständige Pädagogik, die, in aller Bescheidenheit, die Grundlage für die Entwicklung der Pädagogik in den anderen institutionellen Bereichen bildet.

Das Raumkonzept einer eigenständigen Krippenpädagogik entspricht der »Körperlichkeit« junger Kinder.

Eine eigenständige Krippenpädagogik braucht ein eigenes Raumkonzept, das der Differenz zwischen kleinen und großen Kindern entspricht.

Kleine Kinder sind anders. Dieser Andersartigkeit tragen wir dadurch Rechnung, dass die Räume der »Körperlichkeit« der Kinder entsprechen, während der wachen Phasen ebenso wie beim Schlafen, beim Essen genauso wie beim Spielen. Alles ist gleichermaßen für die körperliche und geistige Entwicklung kleiner Kinder von Bedeutung.

Für einige Aspekte stellen unsere Kultur und die bisherige Krippenpädagogik mehr oder weniger bewährte Lösungen zur Verfügung, für andere nicht. Was bisher fast gänzlich fehlt, ist eine den spezifischen Entwicklungsbedürfnissen von Kindern unter drei Jahren entsprechende Ausstattung der Räume.

Diese Feststellung wird einige ältere Krippenerzieherinnen unter Ihnen überraschen, denn traditionsgemäß ging es in der Krippe um die spezifischen Belange von Säuglingen und Kleinkindern wie Füttern, Wickeln, Schlafen oder Baden, also um eindeutig körperliche Erfordernisse. Das war auch nicht falsch. Das Problem ist aber, dass es nur darum ging. Anders formuliert:

Die Tatsache, dass kleine Kinder erst gefüttert werden müssen, bevor sie selbstständig essen können, oder gewickelt werden müssen, bevor sie selbst auf die Toilette gehen, hat dazu geführt, dass sich in der Krippe alles um Versorgung drehte. Versorgung gewann die Oberhand.

Dafür gab es mindestens drei Gründe: Die schlechte Betreuer-Kind-Relation, die Orientierung an Krankenhaus-

Routinen und die Altershomogenität in den Gruppen. Muss eine Person ein Dutzend Säuglinge betreuen, liegt es auf der Hand, dass über die Versorgung mit dem Lebensnotwendigen hinaus nicht viel stattfindet. In den Krippen waren in der Leitung in der Regel keine Pädagogen, sondern Kinderkrankenschwestern tätig. Altershomogene Gruppen gab es aus »Rationalitätsgründen«. Das heißt, es erschien effektiv, sich auf einen Jahrgang zu spezialisieren. So verstärkten sich die Faktoren wechselseitig: Die eine Pflegeperson für viele Kinder nahm die Spezialisierung im guten Glauben hin,

dass sie ihr die dringend notwendige Arbeitserleichterung bringen würde. Routinen entstanden und ließen es alternativlos erscheinen, Krippenkinder in altershomogenen Gruppen nur mit wenig mehr als dem körperlich Notwendigen zu versorgen.

Inzwischen gibt es keine altershomogenen Gruppen mehr. Im Gegenteil, das Pendel schlägt in Richtung große Altersmischung aus.

Entscheidend ist jedoch der Einstellungswandel gegenüber kleinen Kindern. Allen Betreuerinnen ist klar, dass die Kinder mehr brauchen, als gefüttert, gewickelt und zum Schlafen gelegt zu werden. Dafür gibt es kleine Tische und Stühle oder Hochstühle, Betten und Wickeltische. Üblich sind Matten zum Krabbeln und viel Spielzeug, das ausschließlich für die Altersgruppe zwischen null und drei Jahren produziert wird.

Darüber hinaus gibt es keine Standardausstattung für Krippenräume. Das liegt nicht zuletzt daran, dass die Anzahl von Krippengruppen in den alten Bundesländern verschwindend gering war und, im Vergleich zu den neuen Bundesländern, immer noch ist, so dass von den Firmen, die seit Jahrzehnten die pädagogische Ausstattung in deutschen Kindergärten bestimmen, noch keine Standards gesetzt worden sind.

In der DDR führten die große Anzahl von Krippengruppen, das Krippen-Erziehungsprogramm und die speziell für Krippen vorgesehene Fachberatung dazu, dass Ausstattungsstandards für Krippen entwickelt wurden. Eine kritische Würdigung dieses Sachverhalts würde an dieser Stelle zu weit führen. Mein Eindruck, auf einen kurzen Nenner gebracht, ist jedoch, dass

sich die Praxis damals schwer damit tat, die im Erziehungsprogramm formulierten Ansprüche umzusetzen.

Emmi Piklers Raumkonzept

Ein revolutionäres Konzept der Raumgestaltung für Krippen gibt es allerdings schon seit Jahrzehnten: Emmi Pikler[19], eine ungarische Kinderärztin, verschaffte der freien Bewegungsentwicklung im wahrsten Sinne des Wortes Raum und sorgte dafür, dass kleine Kinder die Möglichkeiten ihres Körpers in ihrem eigenen Tempo entdecken und selbst weiter entwickeln konnten.

»Wird ein Kind hingesetzt, das sich noch nicht selbst aufsetzen kann, ist es zur Bewegungslosigkeit verdammt, oder es fällt leicht um. Was wir wohlmeinend als Hilfestellung betrachten, ist meistens für das Kind gar keine Hilfe, sondern Behinderung, die das Kind künstlich ungeschickt und abhängig macht. Es übt sich darin, auf Hilfe angewiesen zu sein, wenn es aktiv sein will. Dadurch wird es nicht zur Selbstständigkeit erzogen, sondern dazu, auf Hilfe zu warten«, verdeutlicht Kornelia Schneider das Konzept.[20]

Emmi Piklers genau auf die Entwicklungsschritte von Säuglingen, Krabblern und Kleinkindern zugeschnittenes Raumkonzept konnte im Budapest der Nachkriegszeit nur mit beschränkten Mitteln realisiert werden. Lange Zeit wurde es weder in der BRD noch in der DDR zur Kenntnis genommen. Erst 1983 wurde es bei einer Veranstaltung mit Emmi Pikler, die ein Jahr vor ihrem Tod in Berlin (West) stattfand, einem kleinen Kreis von Fachleuten in Deutschland bekannt.

---

19 Pikler, E.: Friedliche Babys – zufriedene Mütter. Herder Verlag 1982; Pikler, E. u. a.: Miteinander vertraut werden. Erfahrungen und Gedanken zur Pflege von Säuglingen und Kleinstkindern. Arbor Verlag 1994

20 Schneider, K.: Selbstbestimmung im Wickelalter. Das Pikler-Konzept. In: TPS 2/87, S. 73

Emmi Pikler revolutionierte die übliche Ausstattung von Säuglings- und Kinderheimen mit dem ihr damals zur Verfügung stehenden Mobiliar. Das waren vor allem die Gitter von Betten und Ställchen. Sie dienten nicht mehr nur dem Schutz und der Begrenzung von Kindern, sondern auch der Unterstützung ihrer unermüdlichen Versuche, sich hochzuziehen, sich entlang zu hangeln, sich selbstständig auf den Weg in unentdeckte Bereiche zu machen. Pikler entwickelte eigene Möbel wie das »Essbänkchen«, um Kindern zum frühestmöglichen Zeitpunkt Gelegenheit zur selbstständigen Einnahme von Mahlzeiten zu geben. Sie analysierte, was beim Wickeln zwischen Erwachsenem und Kind passiert, und gab aufgrund ihrer Beobachtungen genaue Anweisungen für die Ausstattung des Wickelbereichs und die Handlungen der Erzieherinnen.

Im Vergleich zu Emmi Pikler können wir heute aus dem Vollen schöpfen. Wir müssen uns nicht mehr mit Gittern behelfen. Unsere Materialien müssen heute nicht mehr bewegungsfreundlich oder sinnesanregend, sie dürfen beides zugleich sein. Wahrscheinlich können wir erst heute vieles von dem realisieren, was Emmi Pikler vor mehr als 50 Jahren bewirken wollte.

Die Reggio-Pädagogik

Ungefähr zur gleichen Zeit wie das Pikler-Konzept wurde die Reggio-Pädagogik in deutschen Fachkreisen bekannt. 1988 kam die Ausstellung »Wenn das Auge über die Mauer springt« aus Reggio nach Hamburg. Im Rahmen einer Fachtagung über »Die hundert Sprachen der Kinder« berichtete die italienische Fachberaterin Carla Rinaldi in einer Arbeitsgruppe zum Thema »Krippe – eine Bildungseinrichtung?« über die Besonderheiten der Krippen in Reggio: die Auseinandersetzung mit althergebrachten, tief sitzenden Vorurteilen über die Erziehung und Bildung der Jüngsten, die Entwicklung eines neuen Bildes vom Kind, die Neubestimmung des Vater-Mutter-Kind-Verhältnisses und vor allem die Rolle, die der »Umgebung« beigemessen wurde.[21]

Mit Dias veranschaulichte Carla Rinaldi das architektonische Grundkonzept der Krippen mit der »Piazza« als sozialem Mittelpunkt, mit großen Glasscheiben – auch im Innern –, die für Transparenz sorgen, mit der Küche als zentralem Platz und dem Eingang als »Visitenkarte«. Sie vermittelte einen Eindruck von der Sorgfalt, mit der die Bereiche zum Essen, Schlafen und insbesondere zur Körperpflege gestaltet wurden: mit »Höhlen« unter Podesten und in leergeräumten Schränken, mit allem möglichen »Zeug zum Spielen«, darunter viele Gegenstände aus dem Haushalt, und mit Schubladen zum Ausräumen.

Die Early Excellence Centres

In jüngster Zeit haben englische Krippen die Aufmerksamkeit der deutschen Fachöffentlichkeit gefunden. Inzwischen gibt es etwa 100 Early Excellence Centres, 1997 von der britischen Regierung im Rahmen einer breit angelegten Bildungsoffensive ins Leben gerufen. Es handelt sich um Kindertagesstätten in sozialen Brennpunkten, deren Arbeit nicht allein den Kindern, sondern der ganzen Familie zugute kommt. Ziel ist die Prävention von Armut, sozialer Ausgrenzung und die Förderung von Chancengleichheit.

---

21 Projektgruppe Reggio/Hamburg (Hrsg.): Wenn das Auge über die Mauer springt. Hamburg 1990

In den Early Excellence Centres sollen Gesundheitsfürsorge, Sozialarbeit, Betreuung und Erziehung miteinander verbunden werden. In Kursen können sich Eltern beruflich qualifizieren. So gibt es zum Beispiel spezielle Angebote für Mütter und Väter, Beratung für Eltern und Ausbildungsmöglichkeiten für Tagesmütter.

Eines der ältesten englischen Kinderzentren ist das Pen Green Centre in Corby, Northamptonshire. Mit dieser Einrichtung trat eine Kita des Berliner Pestalozzi-Fröbel-Hauses in intensiven Austausch und begann im Jahre 2001, das Konzept der Early Excellence Centres in enger Zusammenarbeit mit dem Pen Green Centre zu erproben.[22]

Das Pen Green Centre in Corby verfügt über eine »nursery«, eine Kombination von Krippe und Kindergarten für Kinder von zwei bis fünf Jahren. Die Erzieherinnen heißen »family worker«, denn sie betreuen nicht nur die Kinder, sondern auch deren Familien. Eine Erzieherin ist jeweils für acht bis zehn Familien zuständig.

Die Leitideen der pädagogischen Arbeit orientieren sich an einem Bild vom Kind, wie es die Reggio-Pädagogik formuliert hat, und an der Vorstellung, dass Eltern Experten für ihre Kinder sind. Indem Eltern unterstützt werden, selbst zu merken, was ihre Kinder können, wird ihr Selbstbewusstsein gestärkt.

Die Erzieherinnen legen für jedes Kind »Portfolios« oder »Situationsbücher« an, die auf genauen Beobachtungen beruhen. Diese Beobachtungen werden schriftlich, mittels Foto oder Video festgehalten.

Im Mittelpunkt stehen »Schemata« oder »Verhaltensmuster«, die besonders gut zu beobachten seien, wenn ein Kind in eine Sache vertieft ist. Das Konzept der Schemata basiert auf Piagets Theorie der kognitiven Entwicklung. In »Pen Green« wird es mit der Leuvener Engagiertheits-Skala von Ferre Laevers[23] verbunden. Als Schemata werden Verhaltensmuster definiert, durch die das Kind die Welt für sich entdeckt. Am häufigsten seien die Schemata »Linien, Einhüllung, Rotation, Transport, Verbindung, Einfassung und Einzäunung oder Schichtung«[24]. Durch diese Kategorisierung soll Eltern geholfen werden, den Sinn von Handlungen ihrer Kinder zu verstehen, die für sie zuvor nicht verständlich waren und die sie auch nicht mit kindlichen Bildungsprozessen in Verbindung bringen konnten.

Aufgabe der pädagogischen Mitarbeiterinnen ist es, eine reiche, herausfordernde Umgebung zu schaffen, in der die Kinder sich so in eine Sache vertiefen können, dass sie von selbst an die Grenzen ihrer Möglichkeiten gehen. Das günstige Erzieher-Kind-Verhältnis, die überdurchschnittliche Qualifikation der Mitarbeiterinnen, häufige Fortbildungen, längere Vorbereitungszeiten und die wissenschaftliche Begleitung der Early Excellence Centres stehen in unmittelbarem Zusammenhang mit ihrer sozialpolitischen Aufgabe.

In Deutschland werden solche Anforderungen an Krippen – noch – nicht gestellt. Deshalb gibt es auch keine vergleichbare Ausstattung. Gemeinsamkeiten sehe ich jedoch bei der Entwicklung eines neuen Bildes vom Kind und in der Bedeutung, die einer anregungsreichen Umgebung beigemessen wird.

---

22 Hebenstreit-Müller, S./Kühnel, B. (Hrsg.): Kinderbeobachtung in Kitas. Erfahrungen und Methoden im ersten Early Excellence Centre in Berlin. Dohrmann Verlag, Berlin 2004

23 Laevers, F. (Hrsg.): Die Leuvener Engagiertheits-Skala für Kinder LES-K. Deutsche Fassung übersetzt und bearbeitet von Klara Schlömer, Berufskolleg Erkelenz, 1993

24 Hebenstreit-Müller, S./Kühnel, B. (Hrsg.): Kinderbeobachtung in Kitas. Dohrmann Verlag, Berlin 2004, S. 55

In der Begründung ihrer Arbeit mit Krippenkindern und in deren Umsetzung stimmen das Pikler-Konzept, die Reggio-Pädagogik und die Early Excellence Centres in wichtigen Punkten überein. Das liegt nicht zuletzt daran, dass die Beteiligten voneinander wissen und voneinander gelernt haben. Das Hamburger Raumgestaltungskonzept für Krippen, das den folgenden Kapiteln zugrunde liegt, knüpft an die Gemeinsamkeiten dieser Konzepte an. Es nutzt jedoch auch die Unterschiede.

Der Alltag als vorrangiges Lernfeld

Alle angeführten Konzepte gehen von dem aus, was Kinder können. Deshalb spielt der Alltag in ihnen eine Rolle. Selbstverständlich hängt die Bedeutung des Alltags auch mit der Dauer der Betreuungszeit zusammen, die in den Krippen in Reggio zum Beispiel sehr viel länger ist als in den englischen Early Excellence Centres. Allerdings finde ich nur im Pikler-Konzept den Alltag so ausführlich thematisiert, wie es mir für junge Kinder notwendig erscheint.

Essen, Schlafen, Körperpflege und Sauberkeitserziehung – übrigens ein eher unglücklicher Begriff – nehmen zwar einerseits große Teile des Tages ein. Andererseits sind sie aber kein Handlungsbereich, der, wie bei Schulkindern, nebenbei und mit Routine absolviert wird. Sie sind zentrale Betätigungsfelder für kleine Kinder, denn die Jüngsten sind mit Essen, Händewaschen oder dem Gang zur Toilette nicht nur länger beschäftigt als ältere Kinder – sie kosten diese Situationen auch aus, wenn man sie lässt. Die Übergänge zum Spiel sind fließend: Aus dem Frühstücksbrot werden kleine Kügelchen ge-formt, beim Händewaschen fasziniert die Glitschigkeit der Seife und beim Toilettengang immer wieder der Effekt der Wasserspülung.

Unter den deutschen Erziehungswissenschaftlern betont vor allem Gerd E. Schäfer, dass frühkindliche Bildungsprozesse deswegen komplex sind, weil sie sich im Alltag entwickeln. Schäfer schreibt: »Erst wenn Kinder Probleme lösen müssen, die in einen Alltagszusammenhang eingebettet sind, wird ein Problem sichtbar, das auch Säuglinge in ihren Lebenszusammenhängen ständig lösen müssen, nämlich aus der Vielfalt aufgenommener Reize die Aufmerksamkeitszonen herauszufiltern, denen Bedeutung zukommt, und nach Mitteln zu suchen, die geeignet sind, die dabei auftretenden Probleme zu lösen.«[25] Da der Alltag ihr erstes Lernfeld ist und alltägliche Situationen komplex sind, werden wir den Kindern nicht gerecht, wenn wir nur einzelne Kompetenzen fördern wollen. »Teilen wir die Kinder in Kompetenzen auf – sinnliche, soziale, kognitive, emotionale, moralische usw. –, ignorieren wir, dass die Alltagserfahrungen nicht nach solchen Kompetenzbereichen geordnet vorliegen. Keine Alltagssituation trägt die Aufschrift: Hier handelt es sich um eine soziale, emotionale oder motorische Lernaufgabe. Jeder muss selbst herausfinden, welche Fähigkeiten er einsetzen kann, um Lösungen für alltägliche Aufgaben zu finden.«[26]

Gerade bei kleinen Kindern wird oft viel Wert auf regelmäßige Abläufe im Alltag gelegt. Die Gewöhnung an die Welt der Erwachsenen ist das hauptsächliche Lernziel.

Im Gegensatz dazu sehe ich es eher als unvermeidliches Nebenprodukt frühkindlicher Bildungsprozesse an,

---

25 Schäfer, G. E. (Hrsg.): Bildung beginnt mit der Geburt. Beltz Verlag 2005, S. 64
26 Schäfer 2005, S. 64

dass Kinder sich im Alltag mit unserer Erwachsenen-welt vertraut machen. Deshalb sollten wir kein strenges Zeitregime durchsetzen. Den Kindern wird auch ohne die Einhaltung starrer Zeitpläne ständig vor Augen geführt, dass sie sich uns Erwachsenen anzupassen haben. Schauen wir uns mal einen Moment aus der Distanz an, in wie hohem Maße wir bestimmen, was Kinder wann tun, wird deutlich, dass es viel stärker darum gehen muss, auch kleinen Kindern Spielräume zu eröffnen.

Die Entwicklung eines Raumkonzepts für eine eigen-ständige Krippenpädagogik in Deutschland steht also einerseits in einer zirka fünfzigjährigen internationalen Tradition. Andererseits ist sie das Ergebnis der Ausein-andersetzung mit spezifischen Bedingungen. In diesem Buch handelt es sich um die Bedingungen Hamburgs – eine deutschen Großstadt, die, im Gegensatz zu den meisten Städten und Gemeinden in den alten Bundes-ländern, auf eine lange Geschichte der Krippenbetreu-ung zurückblicken kann –, die eher mit den Krippen-

Bedingungen in den neuen Bundesländern als mit Einrichtungen in der alten Bundesrepublik vergleichbar sind.

In den alten Bundesländern beginnt man erst, sich damit auseinander zu setzen, wie die institutionelle Betreuung von Kindern unter drei Jahren aussehen soll. Neben der Pädagogik spielen bei der Schaffung von neuen Plätzen vor allem finanzielle Gesichtspunkte eine Rolle.

Letzteres außer acht lassend, möchte ich in den folgenden Kapiteln die besonderen Anforderungen beschreiben, die an eine Einrichtung gestellt werden müssen, in der Kinder von null bis drei Jahren betreut werden. Aus meiner Sicht gibt es keine Alternative dazu, die Besonderheit von Kindern dieses Alters dadurch anzuerkennen, dass eigene Betreuungsformen mit spezifischen Aufgabenbeschreibungen für Erzieherinnen und Erzieher, einem auf die Bedürfnisse von kleinen Kindern abgestimmten Tagesablauf sowie einer auf ihre Interessen zugeschnittenen Raumgestaltung und Materialauswahl entwickelt werden.

Für Sie als Erzieherin bedeutet das dreierlei: Erstens können Sie sich den Alltagssituationen mit ganzer Aufmerksamkeit widmen, in dem Bewusstsein, dass diese Situationen pädagogisch bedeutsam sind. Zweitens sollten Sie die Übergänge zwischen Alltagsverrichtungen und Spiel aufmerksam wahrnehmen und, wenn möglich, unterstützen. Schließlich sollten Sie durch Raumgestaltung und Materialauswahl den Kindern tägliche Aufgaben stellen und nicht ihr Hauptaugenmerk auf besondere Angebote legen.

Der Platz zum Ankommen und Wohlfühlen

Einem Kind zwischen null und drei Jahren einen sanften morgendlichen Übergang von der Familie in die Krippe zu bereiten, das ist nicht einfach. Unabdingbar ist, dass Sie als Erzieherin das Kind in Empfang nehmen. Da fangen die Schwierigkeiten womöglich schon an: Aufgrund der vorangegangenen Eingewöhnung hat das Kind eine Beziehung zu einer bestimmten Erzieherin aufgenommen und erwartet, diese Erzieherin auch vorzufinden.

Alle Teams, die Kinder unter drei Jahren aufnehmen, sollten sich klarmachen, dass Kinder in diesem Entwicklungsalter nach kontinuierlich anwesenden Personen verlangen. Kontinuität wird durch genügend Personal gesichert. Es muss also eine Erzieherin geben, die ein Kind nach dem anderen empfangen kann. Danach dürfen die Kinder aber nicht sich selbst überlassen bleiben. Eine zweite Erzieherin muss sich um sie kümmern.

Bei einem kleinen Kind muss die Übergabesituation gestaltet werden, denn es ist darauf angewiesen, Signale des Einverständnisses zwischen seiner Mutter oder seinem Vater und der Erzieherin zu empfangen. Oft ist es nicht leicht, dieses Einverständnis zu signalisieren, zum Beispiel wenn Eltern so in Eile sind, dass auch Kind und Erzieherin unter Druck geraten. Während die einen viel zu schnell fortstreben, wollen andere Eltern zu lange verweilen. Ihr Kommunikationsbedarf ist so groß, dass Sie sich nicht mehr um die Kinder kümmern könnten, wenn Sie das Gespräch nicht beenden würden.

So stellt sich jeden Morgen aufs Neue die Aufgabe, sowohl den Eltern als auch den Kindern gerecht zu

> Die Erzieherin hat genügend Zeit, um den Raum und die Materialien vorzubereiten, bevor die Kinder gebracht werden. Sie muss sich mit nichts Anderem beschäftigen als dem Empfang von Kindern und Eltern. Jedes Kind bringt von zu Hause etwas Vertrautes – ein Übergangsobjekt[27] – mit. Außerdem findet es jeden Morgen im Gruppenraum etwas Vertrautes vor, zum Beispiel einen Platz, den es besonders mag, ein Material oder Spielzeug, das es besonders attraktiv findet.

werden. Folgende Rahmenbedingungen können diesen Balanceakt erleichtern:

- In der Regel gehen Eltern und Kinder zuerst in die Garderobe. Noch bevor sie von der Erzieherin begrüßt werden, empfängt sie also der Eingang beziehungsweise die Garderobe.
- Kinder unter drei Jahren sind häufig noch darauf angewiesen, dass ihre Eltern ihnen beim Ausziehen helfen.

---

27 Siehe dazu die Erläuterungen zum »Übergangsobjekt« auf S. 147

Deshalb ist der Platzbedarf in der Garderobe größer als bei älteren Kindern. Das fängt bei den Haken an, die oft nicht für alle Kleidungsstücke ausreichen, da jüngere Kinder meist mehr anhaben als ältere.

• Bei unter Dreijährigen brauchen nicht nur die Kinder eine Sitzbank. Auch für die Eltern ist eine Sitzgelegenheit hilfreich, weil sie den Kindern dann viel besser beim An- und Ausziehen helfen können. Es sollte also ein Stuhl oder auch ein Tisch, eventuell ein Klapptisch, vorhanden sein, auf den die Eltern ihre Kinder beim Ausziehen und Anziehen setzen können. Solch ein Tisch ist vor allem für schwangere Mütter eine große Erleichterung.

Eine besondere »Anziehhilfe« hat der Hamburger Tischler Matthias Buck entwickelt. Dabei handelt es sich um ein treppenförmiges Gebilde, dessen oberste Stufe man hoch- und runterfahren kann. So kann sich das Kind selbstständig auf die oberste Stufe setzen, und die Mutter oder der Vater kann es per Knopfdruck zu sich hoch holen. Das nehmen vor allem hochgewachsene Väter gern in Anspruch.

Die Rolle der Erzieherin

Ein Kindergarten ohne Eltern sei wie ein Kindergarten ohne Kinder, sagte Loris Malaguzzi, der Begründer der Reggio-Pädagogik, und beschrieb damit die Bedeutung, die den Eltern in Reggio zukommt. Ähnlich wie die Early Excellence Centres legen die reggianischen Einrichtungen größten Wert auf enge Zusammenarbeit mit den Eltern – von der Aufnahme eines Kindes bis zu dem Zeitpunkt, an dem es die Einrichtung verlässt.

Mitte der achtziger Jahre entstand in Deutschland ein Modell für den sanften Übergang von der Familie in die Krippe, das die Erfahrungen der Krippen in Reggio einbezog. Auf der Grundlage internationaler Forschungsarbeiten zur Betreuung von Kleinkindern entwickelten Beate Andres, Éva Hédervári und Hans-Joachim Laewen – in Zusammenarbeit mit Praktikerinnen in Berliner Kitas – ein Konzept für die Eingewöhnung von Kindern unter drei Jahren.[28]

28 Laewen, H.J./Andres, B./Hédervári, E.: Die ersten Tage in der Krippe. Beltz Verlag 2003

Den für die Finanzierung der Einrichtung Verantwortlichen muss klar sein, dass es sich bei der Aufnahme eines Kindes um eine kritische Phase handelt. Auch sie müssen ihren Teil zu einer Aufnahmepraxis von Kindern in die Kita beitragen, die den notwendigen Qualitätskriterien entspricht.

Die Zusammenarbeit mit Eltern beginnt mit einer guten Informationspolitik der Kita. Eltern sollten wissen, was von ihnen erwartet wird. Zum frühestmöglichen Zeitpunkt müssen sie darüber informiert werden, dass sie ihr Kind in der Kita nicht wie ein Postpaket am Schalter abgeben sollen, sondern Zeit mitbringen müssen. Das scheint mir die gravierendste Veränderung im Verhältnis zwischen Kita und Eltern zu sein. Anders als früher üblich, müssen Sie den Eltern klarmachen, dass Sie nicht von Anfang an die gesamte Verantwortung für den Aufenthalt des Kindes in der Krippe übernehmen können. Und zwar nicht deshalb, weil Sie das nicht wollen, sondern weil es ein Ding der Unmöglichkeit ist. Sachkundig und selbstbewusst müssen Sie den Eltern begründen, warum der Wechsel eines Kindes von der Familie in die Kita nicht schnell und umstandslos erfolgen kann.

Das »Berliner Eingewöhnungsmodell« liefert Ihnen die dazu nötige Argumentation. Es stellt Erkenntnisse über das Bindungsverhalten von kleinen Kindern in den Mittelpunkt und zieht daraus für Eltern und Erzieherinnen folgende Konsequenzen:
- Die Eltern sollten das Kind in der Kita so lange begleiten, bis es der Erzieherin gelungen ist, eine tragfähige Beziehung zum Kind zu entwickeln. Dies ist die wichtigste Aufgabe der Erzieherin, denn diese sichere Beziehung wird zur Basis für alles Weitere: für die Entwicklung der Beziehungen zu anderen Kindern, anderen Betreuerinnen und zur neuen Umgebung überhaupt.
- In der Zeit der Eingewöhnung geht es allerdings nicht nur um den Beziehungsaufbau zwischen Erzieherin und Kind, sondern auch um den Aufbau der Beziehungen zwischen den Bezugspersonen des Kindes und der Erzieherin. Hat sich in diesen Beziehungen Vertrauen entwickelt, können Mutter und Vater ihr Kind ruhigen Gewissens in der Kita zurücklassen.

Um diese anspruchsvollen Aufgaben zu lösen, benötigen

Kind, Eltern und Erzieherin Zeit. Zunächst ist es Sache der Kita-Leitung, diese Zeit der Erzieherin, die die Eingewöhnung eines Kindes übernehmen soll, zur Verfügung zu stellen. Dies setzt natürlich voraus, dass der Träger eine Vorgehensweise unterstützt, die allen Beteiligten die notwendige Zeit für den Aufbau von Beziehungen einräumt. Unter Umständen muss ein Team darauf hinwirken, dass sich die Vertreter des Trägers mit dem Thema »Eingewöhnung« auseinander setzen.

Dazu gehört in erster Linie, dass nicht mehr als ein Kind pro Woche von einer Erzieherin eingewöhnt werden muss. Doch die gestaffelte Aufnahme darf nicht zu Lasten der Eltern gehen, die womöglich schon Beiträge bezahlen müssen, obwohl ihr Kind noch nicht betreut wird.

Außerdem sollte der Träger durch gezielte Information in der Öffentlichkeit dafür sorgen, dass alle Eltern seines Einzugsbereichs schon bei der Suche nach einem Krippenplatz wissen: Sie können nicht am gleichen

Das »Berliner Eingewöhnungsmodell« macht deutlich, dass Sie nur dann für einen sanften Übergang eines Kindes von der Familie in die Krippe sorgen können, wenn Sie das erforderliche Minimum an Zeit dafür erhalten, ohne das es nicht geht.

Tag ihre Arbeit aufnehmen, an dem sie ihr Kind zum ersten Mal in die Einrichtung bringen.

Eingewöhnen

Damit die knappen zeitlichen Ressourcen optimal genutzt werden können, sieht das »Berliner Eingewöhnungsmodell« folgende Vorgehensweise vor:

Nach einem formellen Aufnahmegespräch, das in der Regel von der Kita-Leiterin geführt wird, treffen sich Erzieherin und Mutter oder Vater mit ihrem Kind zum

Kennenlernen in der Kita. Die Erzieherin sollte zirka eine Stunde Zeit für das Gespräch haben, in der sie von allen anderen Aufgaben befreit ist.

In diesem Gespräch werden die ersten Weichen für den Verlauf der Eingewöhnung gestellt. So konkret wie möglich werden Mutter oder Vater über den Verlauf der Eingewöhnung informiert.[29] Darüber hinaus erfragt die Erzieherin das Wichtigste zu den Themen »Essen«, »Schlafen« und »Sauberkeitserziehung«:

• Welche Gewohnheiten hat das Kind?
• Gibt es etwas, auf das die Erzieherin besonders achten sollte?
• Welche Vorlieben und Abneigungen hat das Kind?
• Welchen vertrauten Gegenstand könnte das Kind mitbringen?

Schließlich sollten die Eltern die nötigen organisatorischen Hinweise – zum Beispiel zu Windeln und Wechselwäsche – in Form eines Merkzettels bekommen.

Der Ablauf der Eingewöhnung sieht wie folgt aus:

Mutter, Vater oder eine andere Bezugsperson kommen mit dem Kind zu einem Zeitpunkt in die Kita, an dem die Erzieherin zirka eine Stunde Zeit hat, um sich mit dem Kind zu beschäftigen. Die Frühstückszeit eignet sich hier übrigens nur, wenn eine zweite Erzieherin sich um die anderen Kinder kümmern kann. Doch selbst wenn zwei Erzieherinnen in der Gruppe sind, gibt es günstigere Zeitpunkte als das Frühstück oder Mittagessen, denn die Aufmerksamkeit des neuen Kindes kann von dem, was beim Essen in einer Kindergruppe passiert, so in Anspruch genommen sein, dass es sich nicht auf die Erzieherin konzentrieren kann.

Auch wenn es technisch und damit vielleicht allzu kühl klingt: Das sicherste Mittel, ein Kind schnell einzugewöhnen, besteht darin, den Zeitpunkt so zu wählen, dass Sie sich nur diesem Kind widmen können, weil die anderen Kinder schon abgeholt worden sind. Der Einwand, das Kind erlebe eine unrealistische Situation oder langweile sich gar ohne die anderen Kinder, geht am Kern der Sache vorbei. Es geht nämlich nicht in erster Linie darum, dass das neue Kind die anderen Kinder und die Räume schnell kennen lernt, sondern vielmehr darum, dass es in der zur Verfügung stehenden Zeit Kontakt zu Ihnen aufnimmt.

Da es nicht Sinn der Sache ist, dass Mutter oder Vater unabsehbar lange bei ihrem Kind in der Kita bleiben, sondern es, sobald das möglich ist, dort mit gutem Gefühl zurücklassen können, muss das Kind das deutliche und wiederholte Signal von Ihnen erhalten, dass es in der Krippe eine erwachsene Person gibt, die Interesse an ihm zeigt.

Die Bindungsforschung hat ergeben, dass das Bekunden von Interesse nur der erste Schritt zur Herstellung einer Beziehung ist. Diese erste Annäherung besteht in der Aufnahme des Blickkontakts zum Kind. Klar, dass solch eine Interaktion nur erfolgreich sein kann, wenn weder das Kind noch Sie abgelenkt sind.

Dem Blickkontakt folgt ein weiteres Beziehungsangebot, in der Regel durch ein Spielzeug und nicht durch die Aufnahme unmittelbaren Körperkontakts. Der Dialog, der auf diese Weise zwischen Ihnen und Kind entsteht, kann ihm das Gefühl vermitteln: Hier ist eine Erwachsene, die sich ähnlich wie meine Mutter oder mein Vater für mich interessiert und der ich mich anvertrauen kann.

---

29 In der Hamburger Kita Markusstr. wird der Verlauf der Eingewöhnung in Form einer Foto-Dokumentation mit kurzen, erläuternden Texten dargestellt, so dass sich Eltern im wörtlichen Sinne ein Bild von dem machen können, was auf sie zukommt.

Weil Sie wenig Zeit haben und weil es für beide Seiten anstrengend ist, eine Beziehung zueinander zu entwickeln, sollten Kind und Bezugsperson in den ersten drei Tagen nicht länger als eine Stunde anwesend sein. Dem »Berliner Eingewöhnungsmodells« zufolge benötigen ein Kind und Sie mindestens drei Tage, um die Voraussetzungen für die Entwicklung einer Vertrauensbeziehung zu schaffen. Das heißt: Die Eltern müssen mehrere Tage einplanen, an denen sie mit ihrem Kind zirka eine Stunde in der Kita verbringen und danach mit ihm nach Hause gehen.

Das Diktat der knappen Zeit macht es erforderlich, herauszufinden, wie lange die Eingewöhnung voraussichtlich dauern wird. Dabei geht das »Berliner Eingewöhnungsmodell« von zwei Beziehungskonstellationen zwischen Eltern und Kindern aus und unterscheidet zwischen eher unsicher gebundenen Kindern, die eine kürzere Eingewöhnungszeit benötigen, und sicher gebundenen Kindern, die eine längere Phase der Eingewöhnung brauchen.

An dieser Kategorisierung irritiert auf den ersten Blick, dass Kinder, die in der Krippe weniger Probleme bereiten, weil sie sich leichter eingewöhnen, mit einer unsicheren Bindung belastet sind, während diejenigen, die heftig gegen die Trennung protestieren, den Vorteil der sicheren Bindung haben.

Am vierten Tag kann der Versuch unternommen werden, herauszufinden, wie lange die Eingewöhnung voraussichtlich dauern wird. Zu diesem Zweck trennen sich Mutter oder Vater für kurze Zeit von ihrem Kind. Wie das vonstatten geht, müssen Sie mit den Eltern absprechen. Auf keinen Fall dürfen sie sich davonschleichen, sondern sollten sich von ihrem Kind verabschieden und danach sofort den Raum verlassen, aber in der Krippe bleiben. Entweder kehren sie nach der verabredeten Zeit – maximal 30 Minuten – wieder in den Raum zurück, oder sie werden vorher geholt, weil das Kind weint oder gar schreit und sich von Ihnen nicht beruhigen lässt.

Reagiert das Kind auf das Verschwinden der Bezugsperson kaum oder lässt sich von Ihnen schnell trösten, ist mit einer kurzen Eingewöhnung zu rechnen. In diesem Fall kann die Trennung am fünften Tag auf mehrere Stunden ausgedehnt werden – es sei denn, es handelt sich um einen Montag. Nach dem Wochenende sollte das Kind, wenn möglich, wieder nur kurz allein in der Krippe bleiben.

Auch Kinder, die keine offensichtlichen Schwierigkeiten haben, sollten in der zweiten Woche und möglichst auch in der dritten Woche nach einem halben Tag abgeholt werden, da die physischen und psychischen Anforderungen der Eingewöhnung enorm hoch sind.

Kinder, bei denen die Eingewöhnung rasch und ohne Probleme verläuft, sind – das hat das »Berliner Eingewöhnungsmodell« gezeigt – in der Minderheit. Die Mehrzahl der sicher gebundenen Kinder braucht länger als drei Tage, um eine Beziehung zur Erzieherin einzugehen. Bei der Trennung von Mutter oder Vater am vierten Tag reagieren sie so verzweifelt, dass sie sich nicht trösten lassen. Dann muss sofort die Bezugsperson geholt werden, um das Kind zu beruhigen. Sie sollte aber die Krippe nicht gleich mit dem Kind verlassen, sondern ihm Gelegenheit geben, in ihrer Gegenwart zum Beispiel noch am Mittagessen teilzunehmen.

Am nächsten Tag darf nicht gleich wieder eine Trennung erfolgen. Damit sollte gewartet werden, bis sich die Beziehung zwischen dem Kind und Ihnen weiterentwickelt hat. Um diese Beziehung zu festigen, müssen Sie sich – wenn auch nicht lange – um das Kind

kümmern, denn es geht, das sei noch einmal betont, nicht darum, dass das Kind die Räume oder die anderen Kinder kennen lernt, sondern in erster Linie um den Aufbau einer Bindungsbeziehung zu einer bis dahin fremden Person.

Von inakzeptablen Rahmenbedingungen, die es Kindern, Eltern und Ihnen unmöglich machen, einen sanften Übergang von der Familie in die Krippe zu vollziehen, war schon die Rede. Dazu gehört vor allem, dass eine Erzieherin mehrere Kinder an einem Tag eingewöhnen muss. Allerdings erzählten mir Erzieherinnen, dass sie es, als sie mit der professionellen Eingewöhnung begannen, auch nicht leicht fanden, ein Kind pro Woche einzugewöhnen, denn die Beziehungsarbeit, die geleistet werden muss, ist außerordentlich anstrengend. Sie betrifft nicht nur das Kind, sondern auch die begleitende Mutter oder den Vater.

Eltern bringen ihre eigenen Trennungs-Erlebnisse, ihre ganz spezifische Beziehung zu ihrem Kind, ihre soziale Lage, ihre Erfahrungen mit institutioneller Betreuung und ihre augenblickliche Befindlichkeit in die Eingewöhnungssituation ein. Frauen und Männer, die Ihnen ihre Kinder übergeben, vertrauen Ihnen das Wertvollste an, das sie haben. Dadurch entsteht eine emotional aufgeladene Stimmung. Angesichts dessen verspüren nicht allein Erzieherinnen den Impuls, die brisante Situation mit einem Hau-Ruck-Verfahren zu beenden, sondern auch manche Eltern versuchen, der Belastung auszuweichen, indem sie sich möglichst schnell verabschieden.

Doch die mit der Trennung verbundenen Gefühle lassen sich nicht in Luft auflösen. Werden sie nicht zur Kenntnis genommen und bearbeitet, suchen sie sich untergründig ein Ventil. Nicht selten reagiert ein Kind mit Krankheit – zur Verzweiflung seiner Eltern, die es in die Krippe geben, weil sie eine Arbeit aufnehmen wollen.

> Sind Mutter oder Vater bereit, ihr Kind in der ersten Zeit in die Krippe zu begleiten, macht das Kind die Erfahrung, dass es in dieser kritischen Situation nicht allein gelassen wird. Dies ermöglicht es ihm, Vertrauen zur Erzieherin zu entwickeln und sein Vertrauen in die Eltern zu behalten.

Die anderen Kinder

Aus der Bindungsforschung und meinen Beobachtungen ziehe ich den Schluss, dass es in der Zeit der Eingewöhnung eine deutliche Hierarchie in der Bedeutung der Beziehung des Kindes zu seiner Erzieherin und zu den anderen Kindern gibt. Da mir in diesem Zusammenhang keine wissenschaftlich reflektierte Praxis bekannt ist, formuliere ich vorsichtig: Es scheint mir, als ob die anderen Krippen-Kinder in der ersten Zeit sehr viel weniger wichtig sind als die Erzieherin. Zwar nehmen sich ältere Kinder manchmal der Jüngeren an, aber in den Fällen, in denen ich das beobachtete, erschien es mir problematisch, denn es geschah nicht vor dem Hintergrund einer gefestigten Beziehung des neuen Kindes zu wenigstens einer Erzieherin, sondern ersetzte eine solche Bindungsbeziehung.

Wenn die Reihenfolge der Eingewöhnungsschritte eingehalten wurde und Sie sich wenigstens ein paar Stunden, verteilt auf mehrere Tage, allein mit dem Kind beschäftigen konnten, tragen die anderen Kinder sicherlich zur Erleichterung der Eingewöhnung bei – schon allein deswegen, weil Kinder für Kinder immer attraktiv sind. Doch obwohl junge Kinder oft zu erstaunlich einfühlsamen Handlungen gegenüber anderen Kindern fähig sind, können sie nicht die sichere Basis füreinander bilden, die ihnen eine erwachsene Bezugsperson bieten kann.

Qualitätsmerkmale

Vor Beginn der Eingewöhnung

- öffentliche Information der Kita über ihr Eingewöhnungskonzept, zum Beispiel bei Kinderärzten, in Apotheken oder Behörden;
- erstes orientierendes Aufnahmegespräch der Kita-Leiterin mit den Eltern und dem Kind;
- zweites, vertiefendes Aufnahmegespräch der eingewöhnenden Erzieherin mit Mutter oder Vater und dem Kind, bei dem konkret über den Ablauf der Eingewöhnung informiert wird.

Die Grundphase der Eingewöhnung

An drei Tagen kommt die Mutter oder der Vater zusammen mit dem Kind in die Krippe, möglichst immer zur gleichen Zeit, bleibt zirka eine Stunde mit dem Kind im Gruppenraum und geht danach mit dem Kind nach Hause.

▼ Hinweise für die Eltern:
Die Eltern sollten ihr Kind auf keinen Fall drängen, sich von ihnen zu entfernen, es jedoch auch nicht festhalten. Ihre Aufgabe ist es, für das Kind einen »sicheren Hafen« zu bilden. Deshalb sollten sie nicht lesen oder mit anderen Kindern spielen, sondern ihrem Kind das Gefühl geben, dass sie jederzeit für es da sind.

Tritt der günstige Fall ein, dass sich das Kind schnell von ihnen entfernt, sollten sie es nur mit Blicken begleiten und nicht selbst mit ihm spielen. Schließlich sollten sie selbstverständlich akzeptieren, dass es nach seinen Erkundungen auch wieder ihre Nähe sucht, und es nicht wegschicken.

▼ Hinweise für die Erzieherin:
Nehmen Sie Blickkontakt mit dem Kind auf, sprechen Sie es an, machen Sie Spielangebote – aber ohne zu drängen. Beziehen Sie die Mutter oder den Vater ein, ohne sich nur auf die Erwachsenen zu konzentrieren. Dadurch vermitteln Sie dem Kind: Deine Eltern und ich sind miteinander einverstanden.

Der Trennungsversuch am vierten Tag

Ziel des Trennungsversuches am vierten Tag – wenn es ein Montag ist, erst am fünften Tag – ist es, festzustellen, wie lange die Eingewöhnung voraussichtlich dauern wird. Das heißt nicht, dass das Kind auf jeden Fall vom vierten Tag an in der Krippe alleingelassen wird.

Nach bisher vorliegenden Untersuchungsergebnissen gelingt es einer Minderheit von Kindern, innerhalb von zirka drei Stunden an drei verschiedenen Tagen eine tragfähige Beziehung zur Erzieherin aufzubauen. In der Mehrzahl der Fälle brauchen Kind und Erzieherin mehr Zeit.

▼ Hinweise für die Eltern:
Einige Minuten nach Ankunft im Gruppenraum verabschiedet sich die Mutter oder der Vater vom Kind, verlässt zügig den Raum und bleibt in der Kita.

▼ Hinweise für die Erzieherin:
Die Reaktionen des Kindes sind der Maßstab für die Fortsetzung oder den Abbruch des Trennungsversuchs. Reagiert ein Kind äußerlich gleichmütig und zeigt sich weiter an seiner Umgebung interessiert, sollte die erste Trennung maximal 30 Minuten betragen. Dies gilt auch dann, wenn das Kind zwar zu weinen beginnt, sich aber rasch und nachhaltig von Ihnen beruhigen lässt. Wirkt das Kind nach dem Weggang der Mutter verstört, sitzt zum Beispiel wie erstarrt da oder beginnt,

untröstlich zu weinen, muss die Mutter sofort geholt werden.

Die kürzere Eingewöhnung von zirka sechs Tagen

Auch wenn ein Kind nur schwache Reaktionen auf die erste Trennung am vierten Tag zeigt, also selbst versucht, mit der Situation fertig zu werden, handelt es sich um eine Belastung. Es gibt Untersuchungen, die – bei unauffälligen Kindern wurden die unsichtbaren körperlichen Reaktionen auf die Trennung von ihren Bezugspersonen gemessen – auf hohe »Stresswerte« verweisen. Deshalb sollte die Zeit der Trennung innerhalb der nächsten drei Tage stufenweise gesteigert werden, bis das Kind nach sechs Tagen halbtags in der Krippe bleibt. Wenn möglich, sollte das Kind noch zwei Wochen lang nur halbtags in die Einrichtung gebracht werden, damit seine Anpassungsfähigkeit nicht überbeansprucht wird.

Die längere Eingewöhnungszeit von zwei bis drei Wochen

Wenn es zwischen Mutter oder Vater und Kind in den ersten drei Tagen häufigen Körperkontakt gibt und das Kind beim Trennungsversuch am vierten Tag heftig nach der Rückkehr der Bezugsperson verlangt, müssen sich alle Beteiligten auf eine längere Eingewöhnungszeit von zirka zwei bis drei Wochen einstellen. Mit dem nächsten Trennungsversuch sollte auf jeden Fall ein paar Tage gewartet werden. In dieser Zeit versuchen Sie, der Mutter die Versorgung des Kindes abzunehmen. Zunächst schauen Sie zu, wie die Mutter ihr Kind wickelt. Danach versuchen Sie, das Wickeln zu übernehmen, überlassen es aber sofort wieder der Mutter, wenn sich das Kind dagegen wehrt. Je weniger Druck Sie ausüben, desto eher werden Sie das Kind ohne Probleme wickeln können. Nach ein paar Tagen wird ein erneuter Trennungsver-

such unternommen. Weint das Kind zwar noch, lässt sich aber von Ihnen trösten – das heißt: wenn eine Bindungsbeziehung zwischen Ihnen und Kind entstanden ist –, wird wie bei der kürzeren Eingewöhnung verfahren, die Abwesenheit der Mutter also stundenweise gesteigert. Lassen die Verhältnisse der Eltern es zu, sollte das Kind noch zwei Wochen lang nur halbtags in die Kita gebracht werden.

Lässt ein Kind sich nicht von Ihnen trösten, kann das folgende Ursachen haben:

- Entweder hatten Sie bis dahin zu wenig Zeit, um dem Kind Beziehungsangebote machen zu können. Dann müssen Sie sich Zeit nehmen.
- Oder das Kind braucht noch Zeit, und Sie müssen sich mit Geduld wappnen.

Es ist allerdings auch möglich, dass Sie ein Gespräch mit der Mutter über deren Gefühle führen müssen. Eventuell hat die Mutter eine ambivalente Einstellung der Krippe gegenüber: Einerseits braucht sie den Krippenplatz, andererseits möchte sie sich nicht von ihrem Kind trennen. Oft ist es erst möglich, eine für alle Beteiligten tragbare Lösung zu finden, wenn solche Gefühle ausgesprochen werden können.

Müssen Eltern ihr Kind sofort nach dem Ende der Eingewöhnung ganztags unterbringen, sollte Mutter oder Vater telefonisch erreichbar und in der Lage sein, möglichst schnell zu kommen, falls die Tragfähigkeit der Beziehung ihres Kindes zur Ihnen nicht ausreicht, um es in besonderen Situationen aufzufangen.

Ende der Eingewöhnung

Die Eingewöhnung ist beendet, wenn ein Kind Sie als sichere Basis akzeptiert hat, beim Weggang der Mutter oder des Vaters eventuell protestiert, also Bindungsverhalten zeigt, sich aber trösten lässt und danach in guter Stimmung spielt.

Der Gruppenraum als Basisstation

Zur Entwicklung einer eigenständigen Krippenpädagogik gehört die Prüfung der beiden gegenwärtig vorhandenen Konzepte für die Organisation der Räume und des Alltags, also der Arbeit in Gruppenräumen und der offenen Arbeit in Funktionsräumen. Aufgrund ihrer Entwicklung brauchen Kinder im Alter zwischen null und drei Jahren Räume, die ihnen beides zugleich bieten: Geborgenheit und Freiheit.

Geborgen können sie sich zum einen fühlen, weil sie mit der ihnen vertrauten Erzieherin in einem Raum sind, zum anderen, weil ihnen der Raum bekannt ist. Diese sichere Basis ermöglicht es ihnen, frei auf Entdeckungsreise zu gehen, Dinge auszuprobieren, zu variieren und neu zu kombinieren.

Bei kleinen Kindern lassen sich diese vitalen Interessen in einem Gruppenraum und einem Nebenraum verwirklichen. Damit will ich nicht ausschließen, dass den Bedürfnlssen von Kindern unter drei Jahren auch in offener Arbeit in Funktionsräumen entsprochen werden kann. Ich kenne in Hamburg zwei Beispiele exzellenter offener Arbeit mit Krippengruppen, die in Funktionsräumen stattfindet. Dafür müssen jedoch mindestens zwei Voraussetzungen vorhanden sein, die offenbar schwierig zu erfüllen sind:

- Erstens müssen die Erzieherinnen ein Team bilden.
- Zweitens ist es unabdingbar notwendig, dass die Räume eng beieinander liegen.

Deshalb gehe ich im Folgenden vom Konzept der Gruppenpädagogik aus und hoffe, dass diejenigen, die es sich zutrauen, mit Krippenkindern offen zu arbeiten, die hier gegebenen Anregungen auf ihren Alltag übertragen.

Geborgenheitsraum

Kleine Kinder brauchen eine ihnen zugewandte Erzieherin und einen vertrauten Ort, der eine sichere Basis bildet, von der aus sie die Umgebung erkunden. »Vertraut« heißt, dass sie in diesem Raum ihren Tag beginnen, sich täglich über längere Zeitspannen dort aufhalten und einen für sie ganz besonderen, angenehmen Platz gefunden haben oder ein attraktives Material, das sie immer wieder in seinen Bann zieht.

Das gilt besonders für neue Kinder, für Kinder, die noch nicht laufen können, und Kinder mit länger anhaltenden Orientierungsschwierigkeiten, für Kinder, die sich alleingelassen, überfordert, überreizt, gelangweilt, gegängelt oder unterdrückt fühlen. Für diese Kinder muss der Raum das bieten, was sie brauchen, und zwar für all ihre Sinne – Tasten, Gleichgewicht und Bewegung, Geruch und Geschmack, Sehen und Hören –, denn sie können oder werden ihn zunächst nicht verlassen.

Freiraum

Aber auch kleine Kinder benötigen nicht nur immer wieder Dasselbe, sondern auch etwas Anderes, eine Variation. Sie brauchen Räume für unterschiedliche Entwicklungsphasen, Interessen und Bedürfnisse. Räume und Materialien müssen also geeignet sein für neue Kinder und solche, die schon fast alles kennen, für

Kinder, die noch laufen lernen und solche, die es schon können, für Kinder mit einer Vorliebe für ruhiges Spiel und solche, die sehr aktiv sind.

Basislager

Ich bin der Auffassung, dass wir uns die Räume für Kinder unter drei Jahren ganz anders vorstellen müssen, als sie üblicherweise sind. Bei dem Versuch, die Andersartigkeit der Räume zu beschreiben, die der neuen Sicht auf das Kind entsprechen, liegt das Bild vom »Basislager am Fuße eines Berges« nahe. Der zentrale Raum ist die sichere Basis und gewährt Freiheit.

Freiheit ist für Kinder unter drei Jahren in allererster Linie die Freiheit zur Bewegung. Da alle Kinder ähnliche Entwicklungsschritte vollziehen, sich im Tempo aber stark unterscheiden können, ist es eine komplexe, doch überschaubare Aufgabe, dafür Gelegenheitsstrukturen zu schaffen. Diese Aufgabe lässt sich allerdings umso schwerer lösen, je größer die Alters- und damit Entwicklungsunterschiede der Kinder sind. Deshalb plädiere ich für eine kleine Altersmischung von nicht mehr als drei Jahrgängen.

In den ersten Jahren sind Kinder in ihrer wachen Zeit permanent in Bewegung. Ständig probieren sie ihren Körper aus. Sie wechseln dauernd die Position, erkunden ihre Umgebung und hantieren mit den Dingen, die sie erreichen können. Man kann folgende Phasen unterscheiden:

Phasen der Bewegung

- Die ersten Phase, in der die Kinder liegen – auf dem Rücken oder auf dem Bauch – und die Möglichkeit brauchen, sich von einer Position in die andere zu drehen.
- Die zweite Phase, in der sie, ohne – zu frühe – Hilfe zu benötigen, so lange probieren, bis sie sitzen.
- Die dritte Phase, in der sie robben, krabbeln oder auf ihrem Hinterteil rutschen, sich jedenfalls selbstständig vom Fleck bewegen.
- Die vierte Phase, in der sie sich aufstellen und zu laufen beginnen.
- Die fünfte Phase, in der sie all diese Bewegungsmöglichkeiten miteinander kombinieren und neue Möglichkeiten erproben.

In den beiden ersten Phasen brauchen Säuglinge nicht mehr als ein wenig Platz auf dem Boden.

In der dritten Phase sollten sie den Boden des Raumes schon in ganz anderer als der herkömmlichen Weise krabbelnd, mit allen Sinnen und in vielen Variationen entdecken können.

In der vierten Phase brauchen sie erstens »Mittel«, um sich selbstständig hochzuziehen, und zweitens Platz zum Laufen.

In der fünften Phase, mit ungefähr einem Jahr und damit in dem Alter, in dem die meisten Kinder erst in die Einrichtungen kommen, müssen sie nicht nur den Platz zum Liegen, Sitzen, Krabbeln, Stehen und Laufen auf dem Boden haben, sondern sie brauchen viele Gelegenheiten, um immer mehr Bewegungsmöglichkeiten für sich zu entdecken und Bewegungssicherheit zu gewinnen.

Wenn Sie den unterschiedlichen Entwicklungsphasen der Kinder in den ersten Jahren differenziert Rechnung tragen, gibt es in ein und demselben Raum viele Anreize für die nächsten Entwicklungsschritte.

Prinzipien der Raumgestaltung für Kinder unter drei Jahren

Zunächst freien Platz lassen, dann den Boden »modellieren«, danach die mittlere Höhe des Raumes nutzen und schließlich den Raum bis unter die Decke gestalten – also den »Berg« errichten, den die Kinder von der Basisstation aus erklimmen können.

Die Rolle der Erzieherin

Die moderne Säuglingsforschung hat sich seit den achtziger Jahren in den USA entwickelt und verschiedene wissenschaftliche Ansätze integriert, unter anderem die klinische Psychologie, die Entwicklungspsychologie, die Ethologie – vor allem die Bindungsforschung –, die Sprachentwicklungsforschung und die Psychoanalyse.

Sich verständigen

Vor der Neurobiologie hat die moderne Säuglingsforschung unsere Sicht auf das Kind grundlegend verändert. Sie hat sich damit beschäftigt, wie Erwachsene und Kinder sich verständigen, bevor die Kinder sprechen können.

Ich finde die Ergebnisse der modernen Säuglingsforschung aus zwei Gründen wichtig: Zum einen, um alte, unangemessene Bilder durch neue, der Realität von kleinen Kindern angemessenere Bilder zu ersetzen und demzufolge konkreteres Wissen über den eigenen Anteil der Kinder an ihrer Entwicklung zu gewinnen. Darüber hinaus erlauben diese Ergebnisse meines Erachtens Schlussfolgerungen in drei Bereichen:

1. für die Einstellungen und das Handeln von Erzieherinnen gegenüber Kindern,
2. für die Kind-Kind-Interaktion und nicht zuletzt
3. für die Bereitstellung von Rahmenbedingungen für kindliche Tätigkeiten.

Das bedeutet, dass die Ergebnisse der Säuglingsforschung nicht nur für Krippenerzieherinnen interessant sind, sondern auch für Erzieherinnen, die sich mit den Jüngsten im Elementarbereich beschäftigen, mit Kindern, die zwei- oder mehrsprachig und solchen, die verbal und auch ansonsten sehr zurückhaltend sind, kurz: für Erzieherinnen und Erzieher, die sich mit Kindern vor der Sprache und ohne verbale Sprache verständigen wollen und müssen.

Wenn man beobachtende und verstehende Säuglingsforschung miteinander verbindet, wird deutlich, was Kinder können – zum Beispiel mit zwei oder drei Monaten ihren Blickkontakt steuern – und was das für

sie bedeutet. Diese bedeutsame Fähigkeit geht nicht unter und wird nicht abgelöst, sondern bleibt in ihrem ganzen späteren Leben ein wichtiges Mittel der Verständigung.

Durch die Säuglingsforschung wird aber auch deutlich, dass sich ein und dasselbe Thema – zum Beispiel die Autonomie – in verschiedenen Phasen anders ausdrückt: »mit vier Monaten durch Abwenden des Blicks, mit sieben Monaten durch Gesten und Lautäußerungen, mit vierzehn Monaten durch Weglaufen und mit zwei Jahren schließlich auch verbal«.[30]

Seit Beginn der achtziger Jahre hat die moderne Säuglingsforschung nachgewiesen, dass Kinder von Geburt an eine Empfindung ihrer selbst entwickeln. Damit wurde die alte psychoanalytische Vorstellung abgelöst, es gäbe eine undifferenzierte, gar eine von Margaret Mahler[31] autistisch genannte frühe Phase, in der Säuglinge nicht zwischen sich und dem Anderen, also in der Regel ihrer Mutter, unterscheiden.

Inzwischen geht man vom Gegenteil aus: Erst nachdem der Säugling ein »Kern-Selbst«, wie es Daniel Stern[32] nennt, entwickelt hat, kann das subjektive Erleben des Einsseins mit dem anderen Menschen auftreten. »Die Erfahrungen des Einsseins werden so als Gelingen einer aktiven Organisation des Zusammenseins mit dem Anderen aufgefasst und nicht als passive Unfähigkeit, zwischen dem Selbst und dem Anderen zu unterscheiden.«[33]

Stern kommt zu dem Schluss, dass Säuglinge ausgezeichnete Realitätsprüfer sind. Sie verfügen über

---

30 Stern, D. N.: Die Lebenserfahrung des Säuglings. Verlag Klett-Cotta 1992, S. 41
31 Margaret Mahler, eine in Ungarn geborene jüdische Ärztin und Psychoanalytikerin, gehörte zum Kreis um Anna Freud. Sie emigrierte in die USA, wo sie 1986 starb.
32 Daniel Stern, amerikanischer Psychologe und Psychiater, ist einer der Erfinder der modernen Säuglingsforschung.
33 Stern 1992, S. 24

gutes Erinnerungsvermögen und lebhafte Fantasie, die sich jedoch mit Vorgängen beschäftigt, die in der Realität stattfinden. Deshalb scheinen »zahlreiche Annahmen der Psychoanalyse (...) die Entwicklung viel besser für die Zeit nach der Säuglingsphase zu beschreiben, wenn die Kindheit begonnen hat und die Sprache schon verfügbar ist«.[34] Nach Sterns Auffassung stellen Themen wie »Oralität«, »Autonomie« und »Urvertrauen« keine altersspezifischen sensiblen Phasen dar, sondern sind Themen von lebenslanger Bedeutung.

Trotz der Kritik an der Psychoanalyse stützt sich die von Daniel Stern erstmals entwickelte »Theorie des Selbstempfindens« beim Säugling sowohl auf psychoanalytische Vorgehensweisen wie auch auf Ergebnisse der Entwicklungspsychologie. Das ist deswegen folgerichtig, weil die – naturwissenschaftlich ausgerichtete – Entwicklungspsychologie darauf verzichtet, wissenschaftliche Aussagen über den Charakter subjektiven Erlebens zu formulieren. Von ihr erfährt man schlichtweg nichts darüber. Nur aus psychoanalytischer Sicht ist es notwendig, dass etwas, das wir alle erleben, nämlich unser subjektives Empfinden, auch Gegenstand wissenschaftlicher Untersuchung ist.

Stern konstatierte zwar, dass niemand so recht weiß, was das Selbst eigentlich ist, beschloss aber vor mehr als 20 Jahren, die Anfänge unseres täglichen Erlebens aufzuspüren. Da Stern von der Entwicklung eines Selbstempfindens zumindest von der Geburt an ausgeht, muss der Beginn des Selbstempfindens im präverbalen Stadium liegen.

Nebenbei bemerkt: Genau in dieser Feststellung liegt meines Erachtens eine überzeugende Begründung dafür, dass die verbale Sprache tatsächlich nur eine

von mehreren »Sprachen« ist, so dass es sich lohnt, sich um die Entwicklung der anderen »Sprachen« zu kümmern.

Weil es sich um die Phase vor der Entwicklung der Sprache handelt, kann es sich nur um ein unmittelbares Erleben handeln. Stern nennt es »Gewahrsein«.

Wodurch wird der Säugling nun seiner selbst gewahr? Stern unterscheidet unter anderem folgende Merkmale: Der Säugling hat das Empfinden, Urheber eigener Handlungen zu sein, das Empfinden körperlichen Zusammenhalts, Kontinuitätsempfinden, die Wahrnehmung der eigenen Affektivität und das Empfinden, ein Subjekt zu sein, das zur Intersubjektivität mit anderen Menschen fähig ist.[35]

---

34 Stern 1992, S. 26
35 Stern 1992, S. 20f.

Aufgrund der Forschungsliteratur und eigener Beobachtungen unterscheidet Stern im vorsprachlichen Alter mehrere Phasen, in denen sich von ihm so genannte Quantensprünge vollziehen. In diesen »Umbruchphasen« verändert sich das soziale Erscheinungsbild des Säuglings.

Die erste sozial bedeutsame Veränderung findet im zweiten oder dritten Monat statt, wenn der Säugling »ein Lächeln erwidern kann, den Eltern in die Augen blickt und zu ›erzählen‹ beginnt«. Ungefähr im Alter von neun Monaten scheint das Kind zu bemerken, »dass es ein inneres, subjektives Erleben hat und das auch auf andere Menschen zutrifft. (...) Ohne auch nur ein Wort zu sagen, kann das Kind nun etwas mitteilen, zum Beispiel: ›Mama, du sollst herschauen (deine Aufmerksamkeit auf dasselbe lenken wie ich), damit du siehst, wie aufregend und herrlich dieses Spielzeug ist (und damit du meine subjektive Empfindung von Aufregung und Freude mit mir teilst)‹«.[36]

Dem Säugling ein Empfinden seiner selbst zuzugestehen, das müsste für Pädagogen und Eltern weitreichende Folgen haben. Ebenso die Annahme, dass der Säugling ein Selbstempfinden haben muss, bevor er in eine erfolgreiche Interaktion mit seinen Nächsten treten kann. Diese Annahme könnte eine weitere Begründung der Erkenntnis sein, dass Kinder keine »Gefäße« sind, in die man etwas »hineinfüllen« kann. Zum anderen gibt es aufgrund der vielen konkreten, nachvollziehbaren Beschreibungen, die uns inzwischen vorliegen, auch immer präzisere Hinweise darauf, welche Handlungsweisen der Erwachsenen förderlich für die kindliche Entwicklung sind und welche nicht. Ganz allgemein gesagt, bestehen förderliche Handlungen aus dem, was Gerd E. Schäfer Verständigung nennt. Dies sind in der Verständigung mit Kindern im vorsprachlichen Alter Körperkontakte, Blicke, Gestik, Mimik und die Modulation der Sprache. Mit diesen Mitteln kann der Erwachsene sich auf das Kind einstellen, ihm antworten, es »mitziehen« und sich von ihm »mitziehen« lassen – oder auch nicht. Deutlich wurde von der Forschung herausgearbeitet, dass wir sowohl durch unsere Biologie als auch durch unsere Kultur gut für solche Aufgaben ausgestattet sind.

Jerome Bruner hat festgestellt, dass und in welcher Weise Erwachsene für die Kinder ein Hilfssystem für den Spracherwerb bilden. Merkmale dieses Hilfssystems in der Kommunikation mit einem Säugling oder Kleinkind kennen wir alle: eine höhere Stimmlage, Blickkontakte, langsames, artikuliertes Sprechen in kurzen Sätzen (»Ammensprache«).[37]

Auf der Seite des Kindes finden wir eine Fähigkeit, die der berühmte amerikanische Linguist Noam Chomsky Sprachlernfähigkeit[38] genannt hat. Mit Hilfe dieser biologischen Grundausstattung und des Unterstützungssystems, das die Erwachsenen für das Kind bilden, entschlüsselt es die Sprache, die es umgibt.

Solche Forschungsergebnisse lassen sich in doppelter Weise lesen: Begriffe wie »Verständigung« formulieren keine sozialpädagogische Utopie, sondern stellen eine durch empirische Forschung entwickelte Kategorie zur Orientierung pädagogischen Handelns zur Verfügung. Sie sind Zielbestimmung, Prozessbeschreibung und pädagogische Handlungsanleitung in einem.

---

36 Stern 1992, S. 22f.
37 Bruner, J.: Wie das Kind sprechen lernt. Verlag Hans Huber, 2002
38 »Language Acquisition Device«/LAD/Sprach-Erwerbungs-Plan

Darüber hinaus finde ich die Ergebnisse der Säuglingsforschung und der Sprachpsychologie besonders ermutigend für Pädagogen, denn diese Disziplinen machen nicht nur deutlich, was Kinder, sondern auch was Erwachsene alles können.

Begleiten

Ich spreche hier nicht von Betreuung, Fürsorge oder Pflege, sondern vom Begleiten, weil ich das Verhältnis des Erwachsenen zum selbsttätigen Kind genauer fassen will. Das Wort »Begleiten« enthält für mich Fürsorgliches und Pflegerisches, ohne das Kind zu entmündigen.

Im Gegensatz zum Begriff »Herausfordern« wende ich den Begriff »Begleiten« in Alltagssituationen an, obwohl solche Situationen für kleine Kinder zunächst einmal Herausforderungen darstellen. Ich möchte mit dem Begriff »Begleiten« sowohl das konkrete Tun der Erzieherin als auch die gedankliche Begleitung der Kinder erfassen und finde, dass sich mit diesem Begriff besser als mit »Betreuung« erklären lässt, was Donald Winnicott als eine der wichtigsten Rollen von Müttern und Vätern für ihre Kinder bezeichnet hat: Sie sollten ihnen Alleinsein in Anwesenheit anderer ermöglichen.

Verständigung und Begleitung lassen sich selbstverständlich nicht voneinander trennen. Aber Begleitung betont den Handlungsaspekt stärker als der Begriff der Verständigung.

Für kleine Kinder müssen wir sorgen, das ist klar. Doch es geht darum, wie wir das tun. Wollen wir uns bei unserer Fürsorge und Pflege mit ihnen verständigen, nehmen wir eine Haltung ein, die nicht selbstverständlich ist.

Alltagssituationen wie Essen, Schlafen, Körperpflege und Sauberkeitserziehung sind bevorzugte Felder von Konflikten zwischen Kindern und Eltern. Die Verkaufszahlen von Ratgeberliteratur zu diesen Themen sprechen Bände. In Krippen wurden und werden die mit diesen Situationen verbundenen Probleme zum Teil auch heute noch durch ein striktes Regelwerk zu lösen versucht.

Wenn ich Ihre Rolle als die einer Begleiterin beschreibe, betone ich einerseits Ihre Handlungsfähigkeit. Arbeiten Sie professionell, werden Sie nicht das Gefühl haben, dass Ihnen die Kinder »auf der Nase herumtanzen«. Andererseits bildet Ihr Wissen über die Potenziale von kleinen Kindern die Grundlage für eine gewisse Zurückhaltung. Sie müssen nicht dauernd eingreifen und Regeln durchsetzen, ohne auf die individuellen Reaktionen der Kinder und deren Selbstbildungspotenziale zu achten.

In den Kapiteln des Buches, in denen es um Essen, Schlafen, Körperpflege und Sauberkeitserziehung geht, erläutere ich ausführlicher, wie Sie Ihre Rolle als Begleiterin in Alltagssituationen ausfüllen können.

Herausfordern

In Alltagssituationen sollten wir Kinder durch Materialien, Angebote und Projekte herausfordern. Ich bin also nicht der Meinung, dass wir ihnen »Themen zumuten« müssen, wie Beate Andres und Hajo Laewen[39] fordern. Erst recht sollten wir nicht jedes Kind an die Grenzen seiner Möglichkeiten »bringen«. Mitunter verrät schon die Sprache, worum es geht: nämlich den Ehrgeiz von Erwachsenen zu befriedigen.

---

39 Laewen, H.-J./Andres, B. (Hrsg.): Bildung und Erziehung in der frühen Kindheit. Beltz Verlag 2002, S. 86ff.

Laewen und Andres begründen die Zumutung von Themen mit den legitimen Erwartungen, die eine Gesellschaft an Kinder hat. Zwar schränken sie den Akt der
Zumutung insofern ein, als sie auf die Antwort der
Kinder hören wollen. Aber die Reaktion von Kindern
auf die Zumutung von Themen kann wiederum ein
eigenes Thema sein, je nachdem, wie sehr die Kinder
auf das Thema eingehen oder nicht. Mir scheint, der
Begriff »Zumutung« berücksichtigt zu wenig, wie bereit
Kinder sind, die Impulse ihrer Umgebung aufzunehmen.
Andererseits muten wir, wenn man so will, Kindern
permanent etwas zu: unsere Umwelt, unseren Tagesablauf, unsere Schwächen...

Weil es Erwachsenen in der Regel leichter fällt, etwas
von Kindern zu verlangen, spreche ich vom Herausfordern. Will ich jemanden herausfordern, muss ich mich
vorbereiten. Die Aktivität geht zunächst von meiner
Seite aus, bevor das Kind tätig werden kann.

Wenn ich Herausforderung von Begleitung unterscheide,
geht es mir vornehmlich um eine Akzentverschiebung.
Zwar gibt der Alltag die Aufgaben, die Kinder und
Erzieherinnen zu bewältigen haben, mehr oder weniger
vor – dennoch gibt es zahlreiche Felder, mit denen
Kinder nur in Berührung kommen, wenn sie von den
Erwachsenen an sie herangeführt werden.

Da ich es nicht zuletzt vor dem Hintergrund neurobiologischer Erkenntnisse für unsinnig halte, Kinder
unter drei Jahren mit der ganzen Bandbreite unserer
kulturellen Förderungsmöglichkeiten zu konfrontieren,
beschäftige ich mich in diesem Buch mit den Feldern,
in denen Erzieherinnen auch schon sehr junge Kinder
herausfordern können und sollten. Es handelt sich um
die Bereiche »Bewegung« und »Gestaltung«. Aber auch
in diesen Bereichen bleibt der Alltagsbezug für mich
das Kriterium für qualitätsvolle Krippenpädagogik, denn
je weniger eine Krippenerzieherin an den Erfahrungen
der Kinder anknüpft, desto weniger wirksam werden
ihre Angebote sein. Das heißt andererseits aber auch,
dass Kinder nachhaltige Erfahrungen machen können,
wenn die Angebote passend für sie sind.

Angebote in den Bereichen »Bewegung« und »Gestaltung« kann man kleinen Kindern nicht in Form von
Lektionen unterbreiten – es sei denn, man wollte sie
dressieren. Deshalb müssen die Angebote handfester
Natur sein.

Damit Kinder zwischen null und drei Jahren körperliche Geschicklichkeit entwickeln und ihr Bewegungs-
repertoire kontinuierlich erweitern können, müssen Sie
die Räume entsprechend gestalten. Zwar brauchen Sie
den Kindern Malen, Zeichnen und Formen nicht beizubringen, aber sie können ihre Fähigkeiten nicht vervoll-
kommnen, wenn sie nicht die geeigneten Materialien
und keine Gelegenheiten haben. Die Herausforderung

erwächst also aus der Begleitung und stützt sich im Wesentlichen auf die Verständigung mit dem Kind und die wahrnehmende Beobachtung des Kindes.

In den Kapiteln über Bewegung und Gestaltung beschreibe ich konkret, worin die Herausforderungen der Erzieherin bestehen können. Dabei wird deutlich werden, dass die grundlegende Herausforderung für Sie darin besteht, sich passende, auch für Sie selbst spannende Aktivitäten für die Jüngsten auszudenken.

Die anderen Kinder

Kinder sind für Kinder wichtig, weil sich nur zwischen ihnen Beziehungen auf der Grundlage von Gleichheit, Gleichrangigkeit und Gegenseitigkeit entwickeln. Genauer gesagt: Es sind Gleichaltrige, die füreinander wichtig sind. Durch das gleiche Alter oder den gleichen Entwicklungsstand haben Kinder gleiche Chancen zur Beeinflussung der Beziehungen. Dies ermöglicht ihnen zunächst eine Abstimmung ihrer Handlungen aufeinander und in der Folge das Eingehen auf die Bedürfnisse des jeweils Anderen.

Beziehungen zwischen kleinen Kindern entstehen durch räumliche Nähe. Freundschaft ist für sie kein Prozess, sondern ein Ereignis.

Ein Freund ist einer, mit dem man spielt. Die Beziehung ist die – quasi automatische – Folge des Zusammenspielens. Das heißt: Die physische, also räumliche Nähe geht der psychischen Nähe, der Vertrautheit, voraus.[40]

Vertrautheit entsteht durch Kontinuität. Die erste Voraussetzung dafür, dass auch sehr junge Kinder Beziehungen miteinander eingehen, ist, dass ihre Eltern ihnen regelmäßig und über einen längeren Zeitraum Begegnungen mit anderen Kindern ermöglichen.

Erst in den siebziger Jahren wurden die Beziehungen, die Kinder unter drei Jahren miteinander eingehen, wissenschaftlich untersucht. Es liegen also seit immerhin 30 Jahren Ergebnisse vor, die das weit verbreitete Vorurteil der »Gruppenuntauglichkeit« kleiner Kindern widerlegen.[41]

Allerdings kann man immer wieder beobachten, dass Kinder unter drei Jahren sich nicht miteinander befreunden, obwohl die notwendige Bedingung in der Kindergruppe vorhanden ist: räumliche Nähe. Eine Erklärung könnte darin liegen, dass sich zu einem bestimmten Zeitpunkt zu wenig ähnliche Kinder in der Gruppe befinden. Dies legt Renate Valtins Untersuchung der kindlichen Auffassung von Freundschaft nahe. Valtin kam zu dem Ergebnis, dass Kinder sich nicht nur zu gleichaltrigen – und mit zunehmendem Alter auch zu gleichgeschlechtlichen –, sondern auch zu ähnlichen Kindern hingezogen fühlen. Ähnlichkeit bezieht sich dabei auf äußere Merkmale: so groß wie man selbst, so kräftig, so dünn, schnell oder geschickt.

Die Befragung älterer Kinder, Acht- bis Zwölfjähriger, ergab, dass Ähnlichkeit und Gegenseitigkeit etwas miteinander zu tun haben. Vermutlich schließen die Kinder von der Vergleichbarkeit der äußeren Merkmale auf die Ähnlichkeit der inneren Einstellungen. Auf die Frage »Wie sollte eine gute Freundin sein?« erhielt Renate

40 Valtin, R.: Mit den Augen der Kinder. Freundschaft, Geheimnisse, Lügen, Streit und Strafe. Rowohlt Verlag 1991
41 Schneider, K./Wüstenberg, W.: Kinderfreundschaften im Krabbelalter. In: Deutsches Jugendinstitut (Hrsg.): Was für Kinder. Kösel-Verlag 1993, S. 130

Valtin von einem achtjährigen Mädchen die Antwort: »Sie soll so sein wie ich. Oder ein bisschen kleiner. Oder ein bisschen größer. Nicht lügen. Die mich immer abholt und jeden Tag mit mir spielt.«[42] Ein gleichaltriger Junge beantwortete die Frage, wie ein Freund sein sollte, knapp: »Nach meinem Geschmack.«[43]

Kinder sind auch deshalb an Ähnlichkeit interessiert, weil sie sich mit anderen Kindern – anders als mit Erwachsenen oder älteren Kindern – vergleichen können. Solche Vergleiche helfen ihnen, ihr Selbstbild zu entwickeln. Doch je größer die Unterschiede sind, desto weniger können sich die Kinder miteinander vergleichen.

42 Valtin, S. 59
43 Valtin, S. 59

Renate Valtin berichtet von dem sechsjährigen Alexander, der auf die Frage »Woran liegt es, dass ihr nicht mehr zusammen spielt?« antwortet: »Er ist mir zu weit überlegen, er ist mir zu groß.«[44]

Während für ältere Kinder, etwa von zehn Jahren an, die sprachliche Interaktion immer bedeutungsvoller wird – sich anvertrauen können, Probleme besprechen, seelischen Beistand erhalten, Beratung finden –, ist für jüngere Kinder das gemeinsame Handeln ausschlaggebend. Bevor sich der von konkreten Merkmalen abstrahierende Wunsch nach psychischer Gleichrangigkeit, also gegenseitigem Austausch, entwickeln kann, besteht das Bedürfnis nach physischer Gleichheit oder körperlicher Ähnlichkeit.

Da freundschaftliche Beziehungen unter Kindern – egal, welchen Alters – auf Gleichheit beruhen, verletzen Machtausübung und Dominanzstreben das Prinzip, nach dem die Beziehungen funktionieren. Bei den Jüngeren zeigt sich Dominanz vor allem in der Anwendung körperlicher Gewalt, im Grenzen verletzenden Einsatz körperlicher Mittel und in der Verletzung der Eigentumsverhältnisse. Bei Älteren kommt sprachliche Dominanz – zum Beispiel Angeberei, Besser-sein-wollen, Beleidigung, Geheimnisverrat oder Verleumdung – hinzu. Gerade Kleinkinder brechen bei Interessenunterschieden oft die Interaktion ab und gehen schlicht und einfach aus dem Feld. Aufgrund ihrer Beobachtungen äußert Wiebke Wüstenberg die Vermutung, dass kleine Kinder, wenn sie in einer konflikthaften Interaktion beieinander bleiben, diese Interaktion nicht als Konflikt in unserem

Sinne wahrnehmen, sondern als eine Situation, die den gleichen Stellenwert wie alle anderen Situationen hat. Interessant ist auch der Untersuchungsbefund, dass sich nicht vorrangig diejenigen im Streit um Objekte durchsetzten, die stärker sind, sondern diejenigen, die »frühere Besitzrechte« haben.[45]

Was sagen ältere Kinder, etwa von acht Jahren an, wenn man von ihnen wissen möchte, worin sich Gegenseitigkeit ausdrückt? Sie sprechen nicht von – unsichtbaren – Einstellungen, sondern von sichtbaren Handlungen. Also zum Beispiel davon, dass ein anderes Kind freundlich und nicht aggressiv ist, dass es lächelt und nicht die Zunge rausstreckt, dass es verträglich und nicht dauernd frech ist, dass es etwas mit einem teilt und nicht alles für sich behält, dass es ehrlich ist und nicht lügt, dass es Spaß versteht und nicht gleich beleidigt ist.[46]

Was lässt sich für Kinder unter drei Jahren, die wir noch nicht befragen können, aus den Beschreibungen freundschaftlicher Handlungsweisen schließen, die ältere Kinder geben?

Da junge Kinder, anders als ältere, überwiegend ihre Körpersprache zur Kommunikation nutzen, spricht alles dafür, dass sichtbare Handlungen auch die Basis für Freundschaft in diesem Alter sind. Wichtig ist zunächst einmal, dass Sie auf solche Handlungen achten. Sie können sie verbal und nonverbal unterstützen. Und Sie können alles in ihrer Macht Stehende tun, damit ähnliche Kinder sich begegnen und so die Möglichkeit erhalten, intensive Beziehungen miteinander einzugehen.

44 Valtin, S. 48
45 Schneider/Wüstenberg, S. 132
46 Valtin, S. 61

Damit lässt sich übrigens die Frage, ob man Zwillinge trennen sollte, mit einem eindeutigen Nein beantworten. Geschwister hingegen, die mehr als ein Jahr auseinander sind, könnten mehr Chancen haben, eine freundschaftliche Beziehung zu einem gleichaltrigen Kind zu entwickeln, wenn sie nicht zusammen in einer Gruppe sind.

Die Körpergebundenheit frühkindlicher Kommunikation markiert auch die Grenzen, die uns Erwachsenen gesetzt sind, wenn wir mit den Kindern spielen wollen. Wir können uns körperlich gar nicht so klein und so leicht machen, wie wir sein müssten, um gleichwertige Spielpartner zu sein. Wir sind kleinen Kindern höchst unähnlich.

Aus diesem Grunde finde ich es nicht sinnvoll, von Erwachsenen als Ko-Konstrukteure kindlicher Bildungsprozesse zu reden. Kinder können sich in ihrer Körperlichkeit einander viel direkter und ausdauernder zur Verfügung stellen als dies Erwachsene für Kinder können. Für die Stiftung kindlicher Beziehungen ist es deswegen von Bedeutung, die Räume so zu gestalten und solche Materialien zur Verfügung zu stellen, dass mindestens zwei Kinder ungestört und gemeinsam etwas tun können.

Als Erzieherin sollten Sie davon ausgehen, dass selbst bei Kindern unter drei Jahren die Bedeutung der Beziehung zu Gleichaltrigen, das heißt die Freundschaft mit zumindest einem Kind, ebenso wichtig für die kindliche Entwicklung ist wie die sichere emotionale Basis, die Sie den Kindern bieten können.

Die Altersmischung

Auch vehemente Befürworter der großen Altersmischung fordern, die Besonderheiten von Kindern unter drei Jahren zu berücksichtigen.[47] Als Besonderheiten werden unter anderem angeführt: größeres Ruhebedürfnis, individuellerer Zeitrhythmus, entwicklungsbedingt anderes Sprachniveau.

Was aber heißt das? Die Jüngsten brauchen einen eigenen Schlafraum, andere Essenszeiten und Erzieherinnen, die sich auf ihr Sprachniveau einstellen und sich durch die sprachlichen Kompetenzen älterer Kinder nicht zu falschen Schlüssen verleiten lassen.

Das heißt: Zur Befriedigung der besonderen, besser: altersspezifischen Bedürfnisse von Null- bis Dreijährigen gehören besondere Räume und Ausstattungen, andere zeitliche Abläufe und für dieses Alter sensibilisierte Erzieherinnen, so dass es in meinen Augen sinnvoller ist, diesen Kindern eigene Räume und Zeiten zu gewähren und es den Fachkräften zu gestatten, sich auf eine begrenzte Altersspanne zu konzentrieren.

Obwohl hier keine altershomogenen, sondern Krippengruppen mit einer kleinen Altersmischung befürwortet werden, haben Sie es immer noch mit großen Entwicklungsunterschieden zu tun, wenn man bedenkt, wie stark sich ein Krabbelkind von einem Kind im zweiten Lebensjahr und dieses wiederum von einem knapp Dreijährigen unterscheidet.

Weil in der Diskussion über die große Altersmischung die besondere Bedeutung des Kontakts zwischen jüngeren und älteren Kindern immer wieder betont wird, möchte ich noch einmal auf die große Bedeutung der Beziehungen zwischen Gleichaltrigen hinweisen. Mir

---

47 Klein, L./Vogt, H.: Leben in der Familiengruppe. Lambertus Verlag 1995

altersgleichen und altersungleichen Kindern. Sie unterscheiden zwischen Kontakten, Spielpartnerschaften und Freundschaften.

Kontakte ergeben sich unter vielen Kindern aller Altersstufen. Spielpartnerschaften sind kurzzeitig und wechseln häufiger. Bei Freundschaften hingegen haben die Kinder eine erkennbar enge Beziehung miteinander. Das trifft in aller Regel nur bei Kindern zu, deren Altersunterschied nicht mehr als ein halbes Jahr beträgt.[48]

Renate Thiersch weist darauf hin, dass die Öffnung der Gruppen bei einer großen Altersmischung die notwendige Ergänzung darstellt. Es gälte, beidem gerecht zu werden: den unterschiedlichen Interessen und Bedürfnissen der altersfernen Kinder und dem Bedürfnis der altersgleichen Kinder nach einander. Deshalb sollte die Gruppenzusammensetzung so beschaffen sein, dass die Altersgruppen etwa gleichmäßig verteilt sind und es nicht einzelne Kinder mit

scheint es nicht zufällig, dass oft von Kontakten die Rede ist.

Kontakt oder Beziehung? Genau diese Unterscheidung treffen Renate Thiersch und Regine Maier-Aichen in ihrer Untersuchung über die Beziehungsformen zwischen

---

48 Thiersch, R./Maier-Aichen, R.: Studie über die Beziehungen von Kindern in drei unterschiedlichen Einrichtungen unter dem Gesichtspunkt von Altersmischung und Öffnung der Gruppen. Landeswohlfahrtsverband Württemberg-Hohenzollern, 1991-95

einem deutlichen Altersabstand zu anderen Kindern gibt.

Diese Forderung ist nicht nur organisatorisch schwer zu erfüllen, sondern die herkömmliche Absenkung der Gruppenfrequenz, zum Beispiel 15 Kinder von einem Jahr bis zu sechs Jahren, macht es rein rechnerisch unmöglich, in jeder Altersgruppe mehr als zwei oder maximal drei Kinder zu haben. In einer Gruppe von 18 Kindern zwischen drei und zwölf Jahren finden sich wahrscheinlich nicht einmal zwei Kinder des selben Jahrgangs. Das wirkt sich erfahrungsgemäß in der Praxis um so problematischer aus, je älter die Kinder sind. Deshalb zeigt sich in Gruppen mit großer Altersmischung verstärkt die Tendenz zu gruppenübergreifendem Arbeiten oder zu »Quergruppen«, wie es in Schweden heißt. Dies erfordert organisatorischen und planerischen Aufwand, und die Arbeit wird dadurch erheblich störungsanfälliger.

In einer kleinen altersgemischten Gruppe – zum Beispiel mit zwölf Kindern zwischen null und drei Jahren – haben die Kinder bei gleichmäßiger Verteilung der Jahrgänge vier Gleichaltrige, zwischen denen sie auswählen können. Ich gehe jedoch davon aus, dass die Anzahl der Kinder unter einem Jahr auf zwei begrenzt wird. Darüber hinaus plädiere ich dafür, Kinder unter einem Jahr doppelt zu zählen, so dass sich die Gesamtanzahl der Kinder um eins vermindert, wenn ein Säugling oder Krabbler in die Gruppe kommt.

Nach meiner Ansicht ist es an der Zeit, die Logik der großen Altersmischung vom Kopf wieder auf die Füße zu stellen. Statt planen und organisieren zu müssen, was die Kinder brauchen, nämlich Beziehungen zu Altersgleichen, sollten Sie dafür sorgen, dass eine altersähnliche Zusammensetzung den alltäglichen Rahmen

bildet. Der ebenfalls wichtige Umgang mit altersfernen Kindern ergibt sich bei vielen täglichen Gelegenheiten – zum Beispiel im Früh- und Spätdienst oder auf dem Außengelände, aber auch bei besonderen Ereignissen oder Festen – genau genommen von selbst.

Raum für Bewegung und Rückzug, Wahrnehmung und Spiel

Wir haben mehr als die bekannten fünf Sinne. Nämlich mindestens sechs.

Leider gibt es keine gebräuchliche Bezeichnung für den »sechsten« Sinn.

Man könnte vielleicht vom »Bewegungssinn« sprechen. Dabei handelt es sich allerdings um einen Sammelbegriff für mehrere gut unterscheidbare Sinne: Sowohl der Gleichgewichtssinn – das vestibuläre System – als auch der Muskelsinn – das kinästhetische System – und unser Sinn für die inneren Organe – das viscerale System – sind für unsere Entwicklung von allergrößter Bedeutung. Wir kennen diese Sinne vermutlich deshalb nicht, weil wir uns ihrer in der Regel nicht bewusst sind. Als Pädagoginnen und Pädagogen sollten wir uns für diese Sinne aber interessieren, denn sie sind genau so wichtig wie Sehen, Hören, Tasten, Riechen und Schmecken.

Zwar beginnen die meisten Kinder am Ende ihres ersten Lebensjahres zu laufen. Verglichen mit anderen Spezies, ist das aber sehr spät.

Unsere Form der Fortbewegung – aufrechtes Gehen auf zwei Beinen – ist eine besonders schwierige Aufgabe. Lise Eliot[49] erklärt, warum: »Ein Grund liegt in

---

49 Lise Eliot ist eine amerikanische Neurobiologin. Sie hat sich intensiv mit der Gehirnentwicklung in den ersten fünf Lebensjahren beschäftigt.

der unglaublichen Komplexität der motorischen Schaltkreise. Im Unterschied zur Sinneswahrnehmung, bei der die Informationen im Wesentlichen nur in eine Richtung geleitet werden, nämlich von der Außenwelt ins Gehirn, sind für alle Bewegungsvorgänge ständige Rückmeldungen erforderlich: Selbst bei der geringsten Bewegung läuft ein andauernder Informationsfluss zwischen dem Gehirn und der Welt hin und her.«[50]

Die motorische Entwicklung verläuft vom Kopf zu den Zehen. »So beherrscht das Baby normalerweise Kopf- und Gesichtsbewegungen (wie Lächeln, Lautieren, Drehen und Heben des Kopfes) vor den Armbewegungen (zielgerichtetes Greifen und Festhalten), die ihrerseits vor den Beinbewegungen (Krabbeln und Laufen) reifen.«[51]

Allerdings hängt die Bewegungsentwicklung nicht allein von dem Zeitpunkt ab, zu dem die entsprechenden neuronalen Schaltkreise gemäß irgendeines genetischen Programms entstehen. Wie Lise Eliot betont, spielen auch »viele andere Faktoren eine Rolle, unter anderem die Geschwindigkeit der sensorischen Entwicklung, Körperwachstum, Kraft, Ernährung, Motivation, seelisches Wohlbefinden und – ja: auch die tägliche Übung«.[52]

»Tatsächlich verbessern Babys ihre motorischen Fähigkeiten nicht anders als Erwachsene – nämlich durch eifriges Üben. Eine neue Fertigkeit wie selbständiges Gehen fällt ihnen nicht in dem Schoß, sondern entsteht nach und nach auf der Grundlage früherer einfacherer Fähigkeiten – Strampeln, Stehen, geführtes Laufen – und nach wochen- oder monatelangem Probieren.«[53]

Der einzige Unterschied zu uns Erwachsenen besteht darin, dass kleine Kinder sich bestimmte Fertigkeiten erst aneignen können, wenn ihr Gehirn reif dafür ist. Deshalb: »Übung ist durchaus von wesentlicher Bedeutung, vorausgesetzt, sie findet zum richtigen Zeitpunkt statt.«[54]

Wir können uns also darauf verlassen, dass Babys von Natur aus motiviert sind zu üben. Insofern hat die Säuglingsforschung nur bestätigt, was jeder beobachten kann, der mit kleinen Kindern zu tun hat.

Aufgabe der Krippe ist es daher, den Kindern eine sichere Umgebung bereitzustellen, in der sie ihre Körper erproben können. Das hört sich wiederum leichter an, als es ist. Denn Sie müssen zum einen die richtige Balance zwischen Sicherheit und Herausforderung finden, zum anderen solche Bedingungen schaffen, dass jedes Kind die Gelegenheit zum Üben zum richtigen Zeitpunkt ergreifen kann. Dabei ist Wissen über Entwicklungsabfolgen, »Zeitfenster« und entwicklungsspezifische Bedürfnisse natürlich sehr hilfreich. Aber es muss in das Arrangement von Räumen und Materialien »übersetzt« werden.

Lange Zeit konnten Erzieherinnen nicht auf eine eigenständige Krippenpädagogik zurückgreifen, sondern nur auf einen Mix aus verkleinerter Kindergartenpädagogik, medizinisch begründeten Hygienevorstellungen und einem schier uferlosen Angebot der Spielzeugindustrie.

---

50 Eliot, L.: Was geht da drinnen vor. Berlin Verlag 2001, S. 377
51 Eliot, S. 389
52 Eliot, S. 391
53 Eliot, S. 394
54 Eliot, S. 394

Erst in den letzten beiden Jahrzehnten wuchs das Bewusstsein dafür, dass gerade kleine Kinder wenig Spielzeug, dafür aber umso mehr Zeug zum Spielen brauchen, dass Hygiene zwar wichtig ist, aber in der Vergangenheit stark übertrieben wurde, und dass Krippenräume völlig anders aussehen müssen als Kindergartenräume – wobei auch Räume für Drei- bis Sechsjährige vollkommen anders aussehen sollten als herkömmliche Kindergartenräume.

Die wenigen Veröffentlichungen, die sich in Deutschland mit innovativer Krippenpädagogik beschäftigt haben, beziehen sich in der Regel explizit auf die Psychomotorik. Für diesen auf die praktische Umsetzung gerichteten Ansatz, der von der »Ganzheitlichkeit« kindlicher Entwicklung ausgeht, steht beispielhaft Sabine Herms Veröffentlichung aus dem Jahre 1979[55].

Aus dem Gebiet der Psychomotorik stammen die bisher konkretesten Vorschläge zur Umsetzung der Einsicht, dass kleine Kinder die Welt über all ihre Sinne, besonders über ihren Körper, kennen lernen und ihre motorische, emotionale, kognitive und soziale Entwicklung eng zusammenhängen. Obwohl die pädagogische Praxis der Psychomotorik viel zu verdanken hat, nehme ich nicht mehr Bezug auf diesen Begriff. Dafür habe ich zwei Gründe.

Erstens: Auch die psychomotorische Praxis wird dem eigenen Anspruch nicht gerecht, wenn von »psychomotorischen Übungen« und »Psychomotorikstunden für Krippenkinder« die Rede ist.[56] Zweitens: Mit dem Bildungsansatz von Gerd E. Schäfer[57] stehen differenziertere Einsichten zum frühkindlichen Lernen über den Körper zur Verfügung. Schäfers Bildungsansatz geht von der kindlichen Wahrnehmung über den Körper, die Fernsinne und die Gefühle aus. Damit stellt er einen Rahmen zur Verfügung, in dem die Psychomotorik, wenn man so will, aufgehoben ist.

Raumgliederung, die vom Boden ausgeht

Kinder brauchen Sicherheit und Freiheit. Beide bedingen einander: Legt man einen Säugling auf den Rücken, befindet er sich in einer sicheren Position und hat maximale Bewegungsfreiheit für Arme, Hände, Beine, Füße und auch für den Kopf. Kann er ständig neue Bewegungen ausprobieren, stabilisiert er sein inneres Gleichgewicht und wird selbstsicherer.

Wir sind es gewohnt, die körperliche Entwicklung von Kindern im ersten Jahr nur sehr grob zu unterteilen. Was geschieht, wenn ein Säugling sich vom Rücken auf den Bauch dreht, wenn ein Kind anfängt zu krabbeln, das entgeht oft unserer Aufmerksamkeit.

Wenn wir versuchen, genau zu beschreiben, was ein Kind macht, stellen wir fest, dass es schwer ist, die passenden Begriffe zu finden. Diese Erfahrung legt vier Konsequenzen nahe:

- Die erste Konsequenz besteht darin, die eigene Wahrnehmung und Begriffsbildung zu verfeinern.
- Die zweite Konsequenz führt zu wachsendem Respekt gegenüber den Leistungen kleiner Kinder.
- Die dritte Konsequenz gebietet Zurückhaltung und ermöglicht es uns, den Kindern nicht »ins Handwerk zu pfuschen«.

---

55 Herm, S.: Psychomotorische Spiele für Kinder in Krippen und Kindergärten. Luchterhand 2001
56 van Dieken, Ch.: So geht's mit Krippenkindern. Sonderheft der Zeitschrift »kindergarten heute« 2002, S. 32f.
57 Siehe die Angaben zu den Veröffentlichungen von Gerd E. Schäfer auf S. 10

● Die vierte Konsequenz gibt uns Hinweise auf die räumlichen Bedingungen, die wir den Kindern zur Verfügung stellen sollten.

Emmi Pikler hat für Räume, die kleine Kinder brauchen, folgende Faustformel gefunden:

> Ein Kind sollte immer etwas mehr Raum zur Verfügung haben, als es ihn nutzen kann.

Der Inhalt dieser Aussage ist anspruchsvoller, als es auf den ersten Blick scheint. Er schließt nämlich die Erkenntnis ein, dass es erstens wohlüberlegte Begrenzungen geben sollte. Zweitens sollten diese Begrenzungen nicht »mechanisch«, sondern auf Grund beobachteten Verhaltens erweitert werden. Auf diese Weise wird beidem gleichermaßen Rechnung getragen: Der existenziellen Angewiesenheit des Kindes auf Schutz und das Gefühl von Geborgenheit und dem ebenso mächtigen Bedürfnis nach der Erkundung der Welt, die es umgibt.

Emmi Piklers Faustformel weist darauf hin, dass ein Kind, das sich selbstständig von einer Seite auf die andere dreht, mehr Platz haben muss, als es in einem Bett hat. Das heißt übrigens auch, dass es sich vorher auf einer Matte verloren fühlen wird. Doch wenn das Kind sich dreht und anfängt zu robben oder zu krabbeln, braucht es eine Matte auf dem Boden. Traditionell ist das der Moment, in dem es in ein Ställchen gelegt wird.

Zwar gibt es gute Gründe, warum Gitter aus der Mode gekommen sind. Andererseits bieten Ställchen jungen Kindern Schutz, nicht zuletzt vor anderen Kindern. Manchmal gibt es Gruppenkonstellationen, in denen jüngere Kinder vor älteren geschützt werden müssen – ein Problem, das umso weniger befriedigend gelöst werden kann, je größer die Altersmischung ist.

Ungünstige Gruppenzusammensetzungen wären übrigens nicht so problematisch, wenn die Personaldecke in den Einrichtungen nicht so dünn wäre, dass sie bei der geringsten Belastung reißt. In solchen Fällen bleibt nur ein Kompromiss übrig: Zum Beispiel wird ein Kind unter einem Jahr in ein Ställchen gesetzt und ein anderes gewickelt, während die übrigen Kinder sich selbst beschäftigen. Klar, dass das eine Notlösung ist.

> Die krippenspezifische Gestaltung des Raumes besteht darin, den Boden zu »modellieren«, zum Beispiel durch flache Podeste, Stufen, schräge Ebenen, kleine Vertiefungen oder Erhebungen.

Beginnt ein Kind zu krabbeln, reicht es nicht aus, nur die »Grenzen« zu erweitern. Das Kind sollte auf dem Boden und in seiner Körperhöhe alles Mögliche entdecken können. Was heißt das? Die erste Herausforderung bietet der Höhenunterschied.

Kleine Kinder sind wie Leistungssportler. Sie üben unermüdlich. In ihrem ersten Lebensjahr krabbeln sie – wenn wir sie lassen und sie die Gelegenheit dazu haben – Stufen, Treppen oder Treppenwellen so häufig hoch und runter, dass die Lust, die ihnen aus diesem Tun erwächst und ihren Zweck in sich selbst hat, nicht zu übersehen ist.

Dieser Interpretation lässt sich noch eine weitere hinzufügen: Kleine Kinder erleben ihr eigenes Handeln als »Rückkopplungsschleife«, also als etwas, das auf sie zurückwirkt, ihnen immer wieder einen anderen Aspekt vor Augen führt und ihre Handlungsmöglichkeiten durch Veränderungen erweitert, die wir Erwachsene kaum bemerken.

Kleine Kinder brauchen »Hindernisse« oder Stufen in allen Variationen. Zum Beispiel Stufen, die so breit sind, dass sie ein Podest bilden. Die erste Herausforderung für die Kinder bildet der Höhenunterschied zwischen Fußboden und Podest. Diese Herausforderung nimmt ab, wenn die Kinder gut laufen können, aber die Besonderheit des »Sich-auf-einer-höheren-Ebene-Befindens« bleibt bestehen. Hinzu kommt: Die Erhöhung lässt sich als Bühne nutzen und – wenn das Podest mitten im Raum steht – als Insel oder Warft. Durch Podeste, zwischen denen die Kinder sich hindurchbewegen müssen, lässt sich der »Verkehr« übrigens auch kanalisieren und umleiten.

Ein zweistufiges Podest erweitert die Möglichkeiten: Es ist ein guter Versammlungsort und – seiner Höhe wegen – noch besser als Bühne zu gebrauchen. Außerdem lassen sich zwei Stufen beim Bauen differenzierter nutzen als nur eine. Dies gilt auch noch bei drei flachen Stufen. Weitere Stufen ergeben jedoch eventuell eine Höhe, bei der Kinder gegen das Herunterfallen gesichert werden müssen.

Wenn wir den Umgang kleiner Kinder mit Höhenunterschieden beobachten, zeigt sich, dass es sinnvoll ist, das Thema »Aufstieg und Abstieg« zu variieren: Auf welche verschiedene Arten und Weisen kommt ein Kind irgendwo hoch – und wieder herunter? »Treppenwellen«,

Sprossenleitern und unregelmäßige Stufen mit verschiedenen Oberflächen, zum Beispiel Kork oder Metall, bieten viele Erfahrungsmöglichkeiten.

Raumgliederung bis zur mittleren Höhe

»Die geistige Entwicklung ist in hohem Maße ein kumulativer Prozess. Als einer der ersten reifenden Sinne verschafft der Vestibularapparat dem Baby einen großen Teil seiner frühesten Sinneserfahrungen. Diese Sinneserfahrungen spielen vermutlich eine entscheidende Rolle bei der Bildung anderer sensorischer und motorischer Fähigkeiten, die wiederum die Entwicklung der höheren emotionalen und kognitiven Funktionen beeinflussen«, schreibt Lise Eliot.[58] Und: »Ohne Vestibular-

apparat könnten wir weder Kopf noch Körper aufrecht halten, noch die meisten Körperteile, insbesondere die Augen, zielgenau bewegen. Er erfasst die Richtung von Schwerkraft und Bewegung und erlaubt uns damit, unseren Körper so zu positionieren und zu bewegen, dass wir das Gleichgewicht bewahren und jede Handlung ohne zu stocken ausführen können.«[59] Obwohl das Gleichgewichtsorgan des Menschen schon vor der Geburt gut funktioniert, erreicht es den ersten Höhepunkt seiner Leistungsfähigkeit, wenn ein Mensch etwa sieben Jahre alt ist, und ist erst in der Pubertät voll entwickelt.

Soziale und körperliche Entwicklung verlaufen quasi parallel: Die schrittweise Erweiterung des kindlichen Aktionsradius wird begleitet von der allmählichen Reifung des Gleichgewichtssinns, der sich allerdings nicht

58 Eliot, S. 220
59 Eliot, S. 210

nur von selbst und unaufhaltsam entwickelt, sondern auf Stimulation durch die Umwelt angewiesen ist.

Kinder tun offenbar genau das Richtige, wenn sie nicht genug vom Schwingen, Drehen und Wiegen bekommen. Was bedeutet das für die Raumgestaltung? Ganz allgemein gesagt: Alle Kinder sollten den ganzen Tag über Gelegenheit haben, ihren Gleichgewichts- und Bewegungssinn zu betätigen. Konkreter: Jedes Kind sollte – zu dem ihm passenden Zeitpunkt – die Gelegenheit erhalten, zu schwingen, sich zu drehen oder sich zu wiegen.

> In Räumen, in denen Kinder unter drei Jahren betreut werden, sollten Aufhängevorrichtungen an den Decken so selbstverständlich wie Fenster sein, denn die Betätigung ihres Gleichgewichtssinns ist für die Kinder ebenso wichtig wie das Sehen.

Können stabile Haken nicht sicher in der Decke eines Raums befestigt werden, muss eine Balkenkonstruktion errichtet werden, die jeder Tischler anfertigen kann.

Die Balken sollten nicht unter die Decke gesetzt werden. Bewährt hat sich eine Höhe von 2,20 Metern, die die meisten Erzieherinnen erreichen können. Außerdem verkürzt diese Höhe die Pendellänge beim Schaukeln.

Zwei Balken sollten parallel gesetzt und mit einem Balken in der Mitte – wie ein H – verbunden werden. Dadurch ergibt sich die Möglichkeit der Mehrpunktaufhängung, die die Kinder weniger zum »wilden« Schaukeln inspiriert, sondern eher zum sanften Schwingen.

Die Aufhängevorrichtungen sollten sicher, haltbar und möglichst leicht zu bedienen sein.[60]

Am wichtigsten für die Kinder sind natürlich die Dinge, die aufgehängt werden. Zum Beispiel ein Fender[61], eine Hängematte oder eine Sprossenschaukel[62]. Doch vorher müssen Sie gut überlegen:

• Wie groß ist der Raum?
• Wo kann etwas hängen bleiben, muss also nicht immer abgenommen werden? Die Kinder sollen ja möglichst immer dann, wenn sie Lust dazu haben, schwingen oder schaukeln können.
• Wo stört es am wenigsten?
• Was soll aufgehangen werden? Nur etwas für die Kinder, also der Fender oder die Sprossenschaukel? Oder auch etwas für Kinder und Erwachsene? Zum Beispiel ein Schaukelsessel, in dem Sie ein Kind auf den Schoß nehmen können, den aber auch eine Mutter benutzen kann, die ihr Kind gerade einge-wöhnt. Natürlich finden auch die Kinder aus Ihrer Gruppe in solch einem Sessel Platz – allein, zu zweit oder sogar zu dritt.
• Gibt es außer Hängematten und -sesseln noch andere Schaukelgelegenheiten, die sich für mehrere Kinder eignen, zum Beispiel Therapieschaukeln[63]?

Achten Sie bitte darauf, dass die Dinge zum Schaukeln, Schwingen und Wiegen nicht nur ältere Kinder, sondern auch die jüngeren benutzen können.

Leider ist der Raum für solche Angebote in der Regel beschränkt. Es gibt organisatorische – sprich:

zeitliche – Zwänge. Die finanziellen Mittel sind knapp. Und woher sollen Sie die Zeit nehmen, um sich zu informieren, nachzulesen, zu recherchieren, im stillen Kämmerlein nachzudenken, sich mit den Kolleginnen zu besprechen, auszuprobieren, zu beobachten, für gut zu befinden oder zu verwerfen und erneut auf die Suche nach einer passenden Lösung zu gehen?

Doch geben Sie nicht vorschnell auf. Nach meiner Erfahrung findet sich in jedem Raum Platz, um etwas aufzuhängen. Mal genau in der Mitte, mal in einer Ecke oder in einem Vorflur, den die Kinder nutzen können, wenn ein Innenfenster in die Zwischenwand gesetzt oder die Tür verglast wird, damit Sie mit den Kindern in Verbindung bleiben können.

Ist so ein Platz gefunden, gibt es auch keine zeitli-chen Zwänge mehr, denn die Schaukelmöglichkeit ist ja jederzeit vorhanden. Dass die Kinder sich um das attraktive Spielzeug drängen, ist unwahrscheinlich, denn sie haben individuelle Rhythmen, wollen also in der Regel nicht alle gleichzeitig schaukeln.

Kommt es dennoch zu Konflikten unter den Kindern, dann prüfen Sie bitte durch Beobachtung:

• Will ein Kind immer lieber alleine sein? Oder ist es die Schaukel, die es zwei oder mehr Kindern nicht erlaubt, sich das Vergnügen zu teilen? Dann sollten Sie eine Schaukel für mehrere Kinder besorgen, die sogenannte Therapieschaukel.
• Will ein Kind ständig schaukeln und kann nicht genug bekommen? Dann sollten Sie eine zweite Schwingmöglichkeit einrichten, damit dieses Kind

---

60 Bezugsquelle von Schienen und Aufhängevorrichtungen, siehe S. 172
61 Fender sind aus Sisal oder anderem Tauwerk geflochtene Kugeln, die die Außenseite von Schiffen beim Anlegen am Kai schützen.
62 Bezugsquelle für krippengerechte Schaukeln, siehe S. 172
63 Bezugsquelle für Therapieschaukeln, siehe S. 172

tun kann, was es offenbar braucht, aber auch andere Kindern nicht zu kurz kommen. Vielleicht können Sie, um Raum zu gewinnen, den Sitzbereich verändern, zum Beispiel durch Klapptische an der Wand.

Tische, die an die Wand geklappt werden, um Raum für Bewegung zu schaffen, sollten nicht zu klein, aber aus technischen Gründen auch nicht zu groß sein.[64] Die Sicherheit gebietet es, dass ein Fachmann sie anfertigt. Um sie für die Kinder auch zu nutzen, wenn sie hochgeklappt sind, kann man an ihrer Unterseite zum Beispiel Spiegelfolie anbringen.

Geht es ums Geldausgeben, müssen Sie Prioritäten setzen: Sie finden in diesem Buch nicht nur Empfehlungen für die Anschaffung von Einrichtungen und Materialien, sondern auch Hinweise darauf, aus welchen Gründen Sie für welche Dinge kein Geld ausgeben sollten. Über-

legen Sie deshalb, was wirklich sinnvoll für die Kinder und für Sie ist, und schaffen Sie Sinnvolles nach und nach an. Dabei können Sie auch ausprobieren, was wirklich passt und was noch verändert werden muss.

---

64 Maximale Länge: 1,40 Meter

Raumgliederung bis unter die Decke

In vielen Kindertagesstätten finden sich industriell gefertigte Spielpodeste oder in Eigenregie errichtete Einbauten. Seltener sind sie in den Krippenbereichen anzutreffen. Sie seien wegen der Höhe und der hinauf führenden Treppe für kleine Kinder zu gefährlich, heißt es meist.

Bei den wenigen Raumgliederungsangeboten, die die Kindergartenmöbel-Industrie bisher für Kinder zwischen null und drei Jahren entwickelt hat, handelt es sich um niedrige Podeste mit einer schrägen Ebene, ein paar Stufen und eventuell einem Tunnel zum Durchkrabbeln. Ich nehme an, alles andere hält man auch bei den Firmen für zu risikoreich.

Doch es gibt zwei Gründe für Einbauten in Krippen, die bis zur Decke reichen.

Da die Kinder auf den Sicht- und Hörkontakt zur Erzieherin angewiesen sind, halten sie sich überwiegend in ihrem Gruppenraum auf. Der Gruppenraum muss also multifunktional sein, aber der Platz auf dem Boden ist begrenzt. Diese Fläche können Sie erweitern, indem Sie die Raumhöhe nutzen. Zweitens: Die Raumgliederung bis unter die Decke bietet differenzierteste Bewegungs- und Rückzugsmöglichkeiten.

Selbstverständlich müssen Sie bei Einbauten Sicherheitsaspekte berücksichtigen. Das gilt aber nicht allein für die Jüngsten. Auch Kinder, die älter als drei Jahre sind, brauchen ausreichend hohe und abgesicherte Balustraden, damit sie nicht hinunterfallen können.

Kleine Kinder sollten sich den ganzen Tag im Gruppenraum bewegen können: die einen krabbelnd, die anderen laufend, Treppen steigend oder schaukelnd, ihre Positionen wechselnd. Selbstverständlich müssen sie sich auch ausruhen und sich zurückziehen können. Außerdem sollten sie unterschiedlichen Tätigkeiten nachgehen können. Also muss – neben dem Raum für Bewegung und Rückzug – Platz zum Malen sein, zum Bauen und für das Rollenspiel.

Einen Teil des Gruppenraums besetzen Tische und Stühle für die Einnahme der Mahlzeiten. Oft wird noch Platz zum Schlafen gebraucht. Und Sie als Erzieherin müssen auch einen Ort haben. All diese Anforderungen sind in einem Raum schwer zu erfüllen. Deshalb hat der Tischler Matthias Buck im Rahmen des Hamburger Raumgestaltungskonzepts spezifische Einbauten für Krippenräume entwickelt. Seine Spielpodest-Landschaften ermöglichen es den Kindern, im Gruppenraum zu essen und zu schlafen, sich zu bewegen, sich zurückzuziehen und zu spielen – allein oder in kleinen Gruppen, ganz nach ihren Bedürfnissen.

Je nachdem, wie viel Platz zur Verfügung steht, wie ein Raum geschnitten und wie hoch er ist, schafft Matthias Buck verschiedene Zonen und nutzt die Höhe für ein, zwei oder noch mehr Ebenen. Auf diesen Ebenen können die Kinder auch schlafen.

In der übrigen Zeit werden die Aufstiege genutzt, um hoch und runter zu klettern oder zu springen. Von den Ebenen können die Kinder runterschauen, sich dort verstecken oder sich mit anderen Kindern zum Spielen zurückziehen.[65]

Wie auch immer Ihre Räume beschaffen sind – sicherlich ist deutlich geworden, dass man zur Betreuung von Kindern zwischen null und drei Jahren kein neues Haus, sondern eine völlig andere Innenraumgestaltung braucht.

---

65 Siehe dazu in Kapitel 7: Vom Matratzenlager zur Schlaf-Spiel-Podestlandschaft

Zwar beziehe ich mich in diesem Kapitel aus pragmatischen Gründen nur auf einen Gruppenraum, ich möchte aber betonen: Es müsste eigentlich selbstverständlich sein, dass auch Krippenkinder einen Nebenraum haben. Für unbedingt notwendig halte ich zwei Räume, wenn die Kinder in einer Gruppe mit großer Altersmischung – also bis zum Schuleintritt – betreut werden. Werden

Kinder, die sich in so unterschiedlichen Entwicklungsphasen befinden, gemeinsam in einem Raum betreut, können die Qualitätsmerkmale, die ich jeweils am Ende der Kapitel zusammenfasse, nicht erfüllt werden.

Noch eine Bemerkung zur Betreuung von Kindern unter drei Jahren in der offenen Arbeit in Funktionsräumen.

Variable Spiel- und Einrichtungsgegenstände

Zu den Einrichtungsgegenständen in der Krippe, die auf jeden Fall variabel sein sollten, gehören die Sitzgelegenheiten. Im Kapitel über die Ausstattung des Essbereichs in der Krippe beschreibe ich die Alternative zu Krippenstühlen und begründe die Wahl von Hockern als krippengerechte Sitzgelegenheiten.[66]

Inzwischen kann man sehr niedrige Hocker[67] kaufen. Sie erfüllen jedoch nicht alle Anforderungen, die an einen Hocker für Krippenkinder gestellt werden sollten. Er soll nämlich nicht nur als Sitzgelegenheit, sondern auch als Spielzeug dienen können. Deshalb sollte er nicht rund, sondern viereckig sein. Solche Hocker kann man aneinander, gelegentlich aber auch aufeinander stellen, um Bänke, Tische, Betten oder Abgrenzungen zu bauen. Wichtiger als die Stapelbarkeit ist also die Multifunktionalität, denn wenn die Hocker von den Kindern genutzt werden, müssen sie nicht gestapelt oder weggeräumt werden.[68]

Eine Ergänzung oder Alternative zu den multifunktionalen Hockern sind die von Matthias Buck entwickelten »Bausteinhocker«[69]. Es handelt sich dabei um Hocker, die aus einem waagerechten und zwei senkrechten Brettern bestehen, die in der Mitte durch ein viertes Brett miteinander verbunden sind. Sie können aneinandergereiht und gestapelt werden, Begrenzungen bilden, als Behälter dienen und im Rollenspiel als Bett, Schrank, Auto oder Theke benutzt werden.

Um den Jüngsten gerecht zu werden, wird oft ein separater Raum, ein sogenanntes Nest, eingerichtet. Unter der Voraussetzung, dass der Raum die hier formulierten Qualitätsansprüche erfüllt, ist dem zuzustimmen. Dies ist nicht der Fall, wenn er – als Raum für die Kleinsten – nur mit dem Nötigsten ausgestattet ist und als Alibi dafür herhalten muss, in den anderen Räumen nichts zu verändern.

66 Siehe Kapitel 6: Ausstattung des Essbereichs, S. 140
67 22 Zentimeter hoch
68 Bezugsquelle für Hocker siehe S. 172
69 Bezugsquelle für Bausteinhocker siehe S. 172

Ich plädiere sehr dafür, keine übliche Rollenspielecke oder Puppenecke einzurichten. Für die ersten Rollenspiele kleiner Kinder sind die klassischen Rollenspielmöbel, die die Kindergarten-Ausstatter anbieten, ungeeignet, weil sie realistische und komplexe Handlungsabläufe voraussetzen, die von den Kindern erst später entwickelt werden.

Kinder zwischen null und drei Jahren brauchen in erster Linie Alltagmaterialien, deren Funktion nicht festgelegt ist, damit sie diese Dinge umfunktionieren können. Solche Materialien sind zum Beispiel:

• kleine und große, dicke und dünne Decken zum Sitzen, Liegen, Zudecken, Einwickeln oder Höhlen-Bauen;
• kleine, große, rechteckige, quadratische oder runde Kissen, von denen einige weich und andere hart sind, gefüllt mit Reis, Bohnen oder nur wenig aufgeblasenen Luftballons.

Zum Rollenspiel benötigen die Kinder keine übliche Verkleidungsecke, sondern möglichst viele einzelne Utensilien, zum Beispiel:

• Tücher;
• unterschiedliche Taschen und Behälter;
• Kartons;
• einen Arztkoffer mit echtem Verbandszeug;
• Töpfe, Schüsseln, Kannen, Kochlöffel, Schneebesen und Kellen;
• Spiegel.

Zum Verkleiden reichen wenige ausgewählte Utensilien, zum Beispiel:
• strapazierfähiger Modeschmuck;
• Hüte mit kleinem Durchmesser und fantasievolle Mützen.

Alle Materialien müssen für die Kinder in einem Regal oder an Haken gut sichtbar und erreichbar sein.

Spiegel sind allerdings nicht nur für das Verkleiden unentbehrlich. Sie sollten in allen möglichen Varianten vorhanden sein. Für kleine Kinder müssen sie direkt über der Fußleiste angebracht werden.

In jedem Raum sollte sich ein größerer Spiegel befinden – möglichst nicht aus Spiegelkacheln, damit sich die Kinder vollständig und ohne störende Unterbrechungen darin sehen können. Spiegelkacheln können Sie zum Beispiel für krabbelnde Kinder unter einen Tisch kleben. Für Kinder, die gerade angefangen haben zu laufen, ist es spannend, wenn sich direkt neben dem Türgriff eine Spiegelkachel befindet. Für alle Kinder ist es interessant, wenn Sie die Oberfläche eines kleinen Tisches mit Hilfe eines aufgeklebten Spiegels verzaubern.

Naturmaterialien sind nicht nur so multifunktional wie Alltagsutensilien, sondern sie regen die Sinne der Kinder noch stärker an.

In einer Hamburger Krippe haben sich Baumstämme bestens bewährt. Es gibt längere Baumstämme, auf

denen die Kinder herumklettern oder die sie als Bank benutzen können, und kurze Baumabschnitte, die sich zu Tischen umfunktionieren lasen.

Im Herbst könnte eine Wanne mit frischen Kastanien oder Blättern bereit stehen, in anderen Jahreszeiten eine Kiste mit Reis oder Linsen zum Umfüllen. Dabei kommen die Töpfe und Schöpfkellen zum Einsatz. Bei schlechtem Wetter könnten die Kinder im Raum mit Sand und allen möglichen Utensilien in einer Kiste

wunderbar experimentieren oder eine Waschrinne im Bad[70] für Wasserspiele nutzen.

Bei den Jüngsten sind die Übergänge zwischen einzelnen Spielen noch fließender als bei Kindergartenkindern, bei denen wir zum Beispiel deutlich zwischen Bewegungs-, Bau- und Rollenspielen unterscheiden können. Deshalb ist es so wichtig, Kindern unter drei Jahren die oben angeführten Materialien, die sie umfunktionieren

---

70 Siehe dazu Kapitel 5: Sanitärräume als Erlebnisräume

Wenn sie mit ihm hantieren, müssen sie ihre Körpersinne anstrengen.

Die Wahrnehmungsförderung entstammt der Heilpädagogik oder Therapie. Sie lässt sich nicht ohne weiteres auf Kinder übertragen, die nicht behindert sind. Statt ihnen eine Fühlwand für die Hände oder eine Taststraße für die Füße anzubieten, sollten Sie darauf achten, dass die Dinge, mit denen die Kinder täglich umgehen, »Tastqualitäten« haben. Es kommt also darauf an, Anregungen aus dem sonderpädagogischen Bereich in die »Regelpädagogik« zu übersetzen.

> Können Kinder zwischen null und drei Jahren mit Alltags- und Naturmaterialien spielen, brauchen sie keine gesonderte Förderung ihrer Wahrnehmung.

Viele der Ideen, die Sie in diesem Buch finden, haben ihren Ursprung in der Heilpädagogik oder Therapie. Das folgende Beispiel stammt ursprünglich aus der Wahrnehmungsförderung, wurde also von einer Krankengymnastin übernommen und abgewandelt in das Hamburger Raumgestaltungskonzept integriert:

Man stellt eine Wanne mit weißen, schwarzen oder roten Bohnen auf. Am schönsten finde ich Feuerbohnen. Sie haben eine samtig schillernde Oberfläche, fassen sich angenehm an, machen ein leicht klackerndes Geräusch und fließen um den Körper herum. Sie sind glatt, klein, leicht und doch so stabil, dass sie dem Körper jederzeit Halt geben. Die Kinder können versuchen, sich möglichst tief einzugraben, um die Bohnen auf der ganzen Haut zu spüren. Die Menge der Bohnen ist beliebig teilbar, sie lassen sich schöpfen, aufhäufeln und sortieren. Sowohl einem einzelnen Kind als auch zwei oder drei Kindern bietet ein Bohnenbad ein schier unerschöpfliches Betätigungsfeld.

und miteinander kombinieren können, zur Verfügung zu stellen. Zum Bauen brauchen sie keine eindimensionalen Duplo-Systembausteine, sondern einige kleine Bretter, Kanthölzer und Holzabschnitte, die sie hin und her tragen, nebeneinander legen, aufeinander stapeln oder über die sie balancieren können. Die gleichen Materialien lassen sich auch beim Vater-Mutter-Kind- oder Einkaufen-Spielen benutzen.

Im Vergleich mit Spielzeug aus Kunststoff regt »Zeug« zum Spielen die Sinne der Kinder viel besser an: Holz können sie riechen. Es ist schwerer als Kunststoff. Es fasst sich angenehm an.

Damit dieses wunderbare Sinneserfahrungsangebot optimal in den Kita-Alltag integriert werden kann, hat mein Kollege Matthias Buck für einige Hamburger Krippen Folgendes konstruiert: Im Gruppenraum gibt es ein etwa 20 Zentimeter hohes Podest, in dem sich eine rechteckige Aussparung befindet. Sie ist mit Feuerbohnen gefüllt und kann mit einer Abdeckplatte verschlossen werden. Auf diese Weise werden zwei praktische Probleme gelöst: Wannen mit Naturmaterialien können nicht die ganze Zeit frei zugänglich sein. Sie müssen weggeräumt werden. Dazu fehlt aber oft der Platz. Außerdem sind die Wannen schwer. Die Kuhle im Podest aber ist immer vorhanden und »verschwindet«, wenn Sie den Deckel drauflegen.

Manchmal werde ich gefragt, ob man den gleichen Effekt nicht auch mit anderen Mitteln erreichen kann, denn bei den Bohnen handle es sich schließlich um Lebensmittel. Als Alternative wird das Bällebad angeführt. Dagegen spricht Folgendes:

Das Bällebad wurde zur Stimulierung der Sinne behinderter Menschen entwickelt und kam – häufig über ein großes schwedisches Möbelhaus – aus den Sondereinrichtungen in die Kitas. Gerd E. Schäfer bemerkt dazu: »Nichtbehinderte Kinder brauchen keine besonders deutlich hervorgehobenen und leicht identifizierbaren Wahrnehmungsmöglichkeiten – hervorstechende Farben, laute Geräusche, instabile Körperlage, überdeutliche Berührungserfahrungen –, sondern eine Differenzierung ihrer Wahrnehmungserfahrungen.«[71]

Da es nicht aus Naturmaterial besteht, ist das Bällebad unter ökologischen Gesichtspunkten problematisch. Im Gegensatz zu den Bohnen müssen die Bällchen als Sondermüll entsorgt werden. Außerdem bleibt es meist nicht beim Baden in Bällen. Weil das Material die Kinder zum Toben animiert, werden aus Sicherheitsgründen oft aufwendige und teure Anlagen konstruiert. Diese Ausgaben lassen sich vermeiden, und eine Wanne mit Bohnen kostet nur den Bruchteil einer Bällebad-Anlage.

---

71 Schäfer, G. E. (Hrsg.): Bildung beginnt mit der Geburt. Beltz 2005, S. 58

Die genannten Beispiele sollen Sie überzeugen: Es gibt reichlich Material zum Spielen, das die Entwicklung von kleinen Kindern umfassender fördert als herkömmliches Spielzeug.

Baby- oder Kleinkindspielzeug wird – unter Beteiligung von Wissenschaftlern, meist Psychologen – in aufwändigen Verfahren mit bestimmten Zielen entwickelt. In der Regel geht es um die Förderung der Fernsinne, also Sehen und Hören, der Feinmotorik und sogenannter kognitiver Fähigkeiten. Selbstverständlich will der hier vertretene Ansatz diese Fähigkeiten von Kindern ebenfalls fördern, aber nicht isoliert voneinander und nicht in erster Linie mit didaktischem Spielzeug, das Sie kaufen müssen. Alle Ziele, die Sie mit didaktischem Spielzeug erreichen möchten, lassen sich auch mit »Zeug« zum Spielen erreichen und – vor dem Hintergrund neurobiologischer Erkenntnisse – noch viel mehr.

Dass Alltags- und Naturmaterial die Integration der Sinne, die Fantasie, die Sprache und soziales Verhalten befördert und herausfordert, halte ich für den wichtigsten Aspekt. Aber ich schätze auch den durchaus willkommenen Nebeneffekt, dass es nichts oder nicht viel kostet.

All diese Anregungen sind nicht neu. Woran mag es liegen, dass sie bisher eher selten in die Praxis umgesetzt wurden?

Von – übertriebenen – Hygienevorstellungen, die sich mit dem Wandel der Gesellschaft glücklicherweise veränderten, war schon die Rede. Zählebiger scheint mir das Problem der »Ordnung« zu sein: Viele Erwachsene finden einen Raum, in dem sich Kinder zwischen Kartons, Baumscheiben und Tüchern tummeln, schlicht unordentlich. Sie vermissen Spielzeug, niedlich anzuschauen und trotzdem von pädagogischem Wert. Wäre es nicht pädagogisch wertvoll, würde es ja wohl nicht verkauft, mögen viele Eltern und manche Erzieherinnen

denken. Deswegen geraten Kolleginnen unter Legitimationsdruck, wenn ihr Gruppenraum anders aussieht, als die Eltern es erwarten. Immer noch ist es leichter, fragwürdige Anschaffungen mit dem Argument »kognitiver Förderung« zu rechtfertigen, als zu erklären, warum es der Natur- und Alltagsmaterialien wegen im Gruppenraum aussieht »wie bei Hempels unterm Sofa«. Hier hilft Ihnen nur: Eng mit den Eltern zusammenarbeiten und sie in Ihre Überlegungen einbeziehen. Dokumentieren Sie Ihre Arbeit mittels kurzer Protokolle und Fotos von den Aktivitäten der Kinder, um den Eltern zu zeigen, was die Kinder alles lernen und wie viel Spaß sie dabei haben.

Gegenwärtig erleben wir, wie das neue »Bild vom Kind« die Auffassung von den Aufgaben der Erzieherin verändert. Die Erzieherin soll die Kinder eher durch Materialien als durch konkrete Angebote herausfordern, um ihnen mehr Wahlmöglichkeiten zu lassen. Sie soll das, was Kinder tun, sprachlich begleiten.

Bei den Jüngsten ist das nicht in jedem Fall möglich und auch nicht nötig. Beim Spielen können Sie im Wesentlichen die Materialien »sprechen« lassen. Auf diese Weise finden Sie auch mehr Zeit und vor allem innere Ruhe, um die Kinder zu beobachten. Sie lernen dabei nicht nur einzelne Kinder und ihr Zusammenspiel besser kennen, sondern erfahren auch etwas über die Angemessenheit der Materialien und die Weiterentwicklungsmöglichkeiten, die in ihnen stecken.

Eine »vorbereitete« Umgebung muss jeden Tag wieder neu hergestellt werden. Aufräumen ist deshalb eine wichtige pädagogische Tätigkeit. Nicht nur, wenn Sie mit ihnen singen oder Bilderbücher anschauen, machen Sie den Kindern Angebote – Ihr wichtigstes Angebot besteht in der täglichen Wiederherstellung einer anregungsreichen Umwelt.

Qualitätsmerkmale

Geborgenheitsräume herstellen durch
- »Räume im Raum«, zum Beispiel große und kleine stabile Kartons, »Höhlen« in ausgeräumten Schränken, Babybetten, die auf die Breitseite gelegt oder auf die Längsseite gestellt und an der Wand befestigt werden;
- Schlaf-Spiel-Podestlandschaften.

Bewegungsmöglichkeiten schaffen durch
- »modellierte« Böden mit unterschiedlichen Höhen und verschiedenen Auf- und Abstiegsmöglichkeiten, also Stufen, Treppen, flachen Podesten, Stufenpodesten;
- Gelegenheiten zum Schaukeln und Schwingen;
- Raumgliederung bis unter die Decke mittels Spiel-Podestlandschaften.

Multifunktionale Einrichtungsgegenstände anschaffen, zum Beispiel
- Hocker und »Baustein-Hocker«.

Alltagsmaterialien für Bewegung, Rollenspiel und Bauen zur Verfügung stellen, zum Beispiel

- kleine, mittlere und große Kartons;
- kleine und große, dicke und dünne Decken;
- kleine, große, rechteckige, quadratische, runde, weiche und harte Kissen;
- Töpfe, Schüsseln, Kannen, Kochlöffel, Schneebesen und Kellen;
- Spiegel;
- viele verschiedene Tücher;
- alle Arten von Taschen und Behältern;
- ausgewählte Verkleidungsutensilien wie strapazierfähiger Modeschmuck, ein Hut mit kleinem Durchmesser oder lustige Mützen;
- ein Arztkoffer mit echtem Verbandszeug.

Naturmaterialien für Bewegung, Rollenspiel und Bauen zur Verfügung stellen, zum Beispiel
- längere Baumstämme;
- kurze Baumabschnitte;
- Baumscheiben;
- Sand in einer Kiste;
- ein Bohnenbad;
- Reis oder Linsen zum Umfüllen;
- Säckchen, die mit Reis oder Bohnen gefüllt sind;
- Holzbretter, Holzabschnitte, Kanthölzer.

Entfaltung der Sinne

Der amerikanische Philosoph John Dewey[72] weist darauf hin, dass der Begriff »Sinn« eine breite Skala von Bedeutungsinhalten hat, die sich von der Wahrnehmung bis zur Bedeutung der Dinge erstreckt: Sensorium, Sensation, Sensibilität, Sinnvolles, Sentimentalität und Sinnlichkeit. Immer spielen die Sinnesorgane eine Rolle, denn: »Die Sinne sind diejenigen Organe, durch die das lebendige Geschöpf unmittelbar an den Vorgängen der es umgebenden Welt teilnimmt.«[73]

Um zu einer Theorie der Kunst zu gelangen, entwickelt Dewey eine Theorie der Erfahrung. Die Mittel, mit denen wir Erfahrungen machen, sind »die Sinnesorgane und der an sie angeschlossene Bewegungsapparat«.[74]

Aus der Rolle, die unsere Sinnesorgane für unsere Erfahrungsmöglichkeiten spielen, zieht Gerd E. Schäfer den Schluss, dass frühkindliche Bildung zunächst ästhetische Bildung ist. Er begründet das damit, dass frühkindliche Bildung auf die eigenen Wahrnehmungen des Kindes angewiesen ist. Mit der Verwendung des Begriffs »Ästhetik« schließt er an Rudolf zur Lippe an: »Aus ihrer altgriechischen Bedeutungsgeschichte ist

ästhetisch alles, was unsere Sinne beschäftigt, in uns Empfindungen und Gefühle entstehen lässt und auf solchen Wegen unser Bewusstsein prägt.«[75] Dass wir am Anfang unseres Lebens alle Ästheten waren, bedeutet einerseits, dass wir über eine Vielzahl von Möglichkeiten verfügten, die Welt um uns herum differenziert über all unsere Sinne wahrzunehmen. Andererseits sind wir geprägt durch die Erfahrungen in unserer Kindheit.

»Die Wahrnehmungsforschung konfrontiert uns mit basalen biologischen und kulturell verfeinerten Mustern, die wie selbstverständlich in unsere Wahrnehmung eingebaut sind oder im Laufe der Sozialisation eingebaut werden, zum Beispiel unsere Vorliebe für Gesichter, Figur-Grundverhältnisse, Größenkonstanten, Farb- und Strukturdifferenzierungen, für Muster oder bildhafte Darstellungsstile usw. (...) Darüber hinaus bilden konkrete Alltagserfahrungen typische Muster. Als erfahrene Gestalten prägen sie die nach ihnen kommenden Wahrnehmungen. (...) Dies gilt gleichermaßen für emotionale Wahrnehmungsmuster, welche die gegenwärtigen Wahrnehmungen im Lichte früher erworbener Bedeutungen strukturieren.«[76] Vor dem Hintergrund dieser

---

72 John Dewey hat die amerikanische, aber auch die internationale Erziehungswissenschaft maßgeblich beeinflusst. Er war Gründer einer Modellschule in Chicago.
73 Dewey, J.: Kunst als Erfahrung. Suhrkamp Taschenbuch 1988, S. 31
74 Dewey 1988, S. 32
75   Lippe, R.: Sinnenbewusstsein. Band I. Schneider Verlag 2000, S. 17
76 Schäfer, G. E. (Hrsg.): Bildung beginnt mit der Geburt. Beltz Verlag 2005, S. 65

Erkenntnisse wird deutlich, wie wichtig eine sinnesanregende Umgebung für die kindliche Entwicklung ist.

Design tools

Da alle Sinne an den Bildungsprozessen der Kinder beteiligt sind, sollten die Mittel, mit denen Räume gestaltet werden – also Licht, Farben, Akustik und Materialqualitäten als design tools[77] – die Sinne der Kinder anregen und nicht beeinträchtigen.

Der akustische Sinn wird überfordert, wenn es im Raum hallt. Nur schwer können die Kinder zwischen einzelnen Geräuschen und ihren Ursachen unterscheiden. Man hört keine Zwischentöne.

Ein durch Raster-Decken-Leuchten gleichmäßig hell ausgeleuchteter Raum unterfordert den visuellen Sinn. Er unterbindet die differenzierte Wahrnehmung von Helligkeit und Dunkelheit mit all ihren Abstufungen.

Das Wechselspiel des Lichts mit den Farben im Raum spricht nicht allein den Seh-Sinn, sondern auch die Emotionen an. Farben rufen Empfindungen von Kälte oder Wärme, Nähe oder Ferne, Leichtigkeit oder Schwere hervor.

Farben

Aus Angst, etwas falsch zu machen, wird in Kitas oft alles weiß gestrichen oder in einer »neutralen« Farbe wie Beige gehalten. Manchmal taucht in jeder Gruppe eine andere Farbe auf, damit jeder gleich weiß, dass er in der blauen, roten oder gelben Gruppe gelandet ist. Solche Gesichtspunkte sind nicht unsinnig, aber

Natürliche Belichtung
Je dunkler der Raum ist, desto heller muss die Farbe sein. Ausnahmen bilden winzige Räume, die als »Höhle« gestaltet werden sollen. Wenn ein Raum hell ist, kann es sinnvoll sein, ihn in einem kräftigen Farbton zu streichen.

77 Reggio Children/Domus Academy Research Center: Children, spaces, relations. Reggio Children 1998

Größe

Je kleiner der Raum, desto heller sollte er gestrichen sein.

Höhe

In allen Räumen sollten die Decken weiß gestrichen werden, damit sie künstliches Licht besser reflektieren können. Auch in kleinen, hohen Räumen ist es besser, die weiße Deckenfarbe in einem breiten Streifen ein Stück weit »herunterzuholen«, als die Decke dunkel zu streichen.

Funktion

Wird der Raum multifunktional benutzt, sollten Sie – unter Berücksichtigung der oben genannten Faktoren – eine Farbe aussuchen, die möglichst allen Aktivitäten gerecht wird: Ruhe und Bewegung, Essen, Schlafen und Spielen.

Dies schränkt die Wahlmöglichkeiten ein. In Zweifelsfällen und unter Zeitdruck ist die Farbe Weiß sicherlich die beste Lösung. Aber es lohnt sich, sich mit der emotionalen Wirkung von Farben zu beschäftigen und sich die Zeit zu nehmen, eine passende Farbe zu finden.

Das gilt erst recht, wenn der Raum nur eine Funktion hat. In einem Raum, der ausschließlich dem Schlafen dient, kann ein Auberginen-Ton Geborgenheit vermitteln. In einem Essraum kann ein ins Aprikosenfarbene gehendes Orange appetitanregend wirken.

Etwas schwieriger wird es, wenn der Raum – zum Beispiel eine Schlaf-Spiel-Podestlandschaft – zwei sehr unterschiedlichen Zwecken dient. In diesem Fall müssen Sie sich entscheiden, was Sie betonen wollen: den beruhigenden oder den anregenden Aspekt.

Sie verschenken mit ihnen ein wichtiges Gestaltungsmittel. Ausschlaggebend für die farbliche Gestaltung der Wände sollten die folgenden Aspekte sein[78]:

Die meisten Formen der Wandgestaltung halte ich in der Kita für unnötig, vor allem, wenn sie Ihre Zeit kosten. Ich denke da zum Beispiel an die Schwamm-Technik und an Wandgemälde. Gegen Wandgemälde spricht auch, dass man sie nicht leicht austauschen kann. Sie dominieren die Wand mit einem bestimmten Motiv und ihren Farben, während sich die Kindergruppe längst weiterentwickelt hat.

Licht

Ein entscheidender Faktor für die Lebensqualität in den Räumen der Kita ist das Licht. Tageslicht ist durch Kunstlicht nicht zu ersetzen. »Man muss sich nur klar machen, dass bei strahlendem Sonnenschein im Hochsommer bis zu 100 000 Lux gemessen werden können und im Winter immerhin noch 10 000 Lux. Im Tageslicht ist

---

78 Siehe auch: von der Beek, A./Buck, M./Rufenach, A.: Kinderräume bilden. Beltz Verlag 2003, S. 65 ff.

das ganze Farbspektrum des Regenbogens vorhanden. Bei künstlichem Licht ist dieses Spektrum in der Regel eingeschränkt. Nur Tageslicht lässt uns die Zeit wahrnehmen. Es moduliert die Dinge, lässt sie flächig oder plastisch erscheinen. Durch die Veränderung des Tageslichts werden die Sinneswahrnehmungen der Kinder ganz anders geschärft als durch konstantes künstliches Licht. Licht steuert körperliche Vorgänge. Es beeinflusst die Körpertemperatur, den Stoffwechsel, den Herzschlag, die Gehirntätigkeit und die Hormonproduktion.«[79]

Wenn nicht genügend Licht in die Räume kommt, so dass Kinder und Erwachsene den Tag nur bei künstlichem Licht verbringen können, muss meines Erachtens alles getan werden, um diese Situation zu verbessern. Bei Umbauten und Renovierungen würde ich allergrößten Wert darauf legen.

Aber auch durch unaufwändigere Maßnahmen lassen sich Verbesserungen erzielen, zum Beispiel durch nachträglich eingebaute Innenfenster und verglaste Türen. Gerade in der Krippe sind Türen mit Glasausschnitten ausgesprochen erstrebenswert. In Hamburger Krippen wurden nachträglich Öffnungen in die unteren Teile der Türen geschnitten und verglast. Die Kinder können durch sie hinaussehen. Die Erwachsenen können hineinsehen und nur dadurch bemerken, ob sich hinter einer Tür ein krabbelndes Kind befindet.

Neben den natürlichen Lichtquellen beeinflusst die Farbe der Wände, des Bodens, der Decke und großer Einbauten die Lichtverhältnisse im Raum. Davon war weiter oben schon die Rede.

Für die künstliche Beleuchtung in Kitas gibt es Vorschriften, die sich entweder nach den »Richtwerten für

79 von der Beek, A./Buck, M./Rufenach, A.: Kinderräume bilden. Beltz Verlag 2003, S. 60

die Beleuchtung von Unterrichtsstätten« – 300 Lux pro Raum – oder nach der »Arbeitsstättenverordnung« richten. Die Arbeitsstättenverordnung wird herangezogen, um zu begründen, dass ausreichend Licht zum Putzen vorhanden sein muss. Dass dies – Verwaltung, Architekten und sonstige Verantwortliche ergreifen hier häufig einseitig Partei – nicht die einzige Begründung sein kann, liegt auf der Hand. Aufgabe Ihres Teams ist es, die Interessen der Kinder zu vertreten, die natürlich auch die Ihren sind, denn auch Sie leiden unter der »Behörden-Beleuchtung«, die womöglich in Ihrer Kita herrscht.

Es ist nicht so, dass das Problem der uniformen Beleuchtung nicht längst erkannt worden wäre. Das Rheinland-Pfälzische Ministerium für Arbeit, Soziales, Familie und Gesundheit hat schon 1992 Empfehlungen für den Bau von Kindertagesstätten herausgegeben, in denen darauf hingewiesen wird, dass künstliche Lichtquellen sich dort befinden sollten, wo sie gebraucht werden. Anstelle starrer Deckenlampen sollte es einzeln schaltbare Wandlampen, Strahler und Hängelampen geben.[80]

Ich würde diese Aussage noch ergänzen: In einem Krippenraum mit vielen Funktionen muss es beides geben – eine generelle und eine individuelle Beleuchtung. Also zum Beispiel Hängelampen, eventuell auch höhenverstellbar, deren Glühbirnen atmosphärisches Licht im Essbereich verbreiten, während eine Hängelampe im Mini-Atelier Halogen- oder Leuchtstoffkörper mit Tageslichtwiedergabe haben sollte.

Weil die Kita-Leitungen das Problem erkannt hatten und über eigene Budgets verfügten, wurden in Hamburg viele Kitas nachträglich oder zusätzlich mit individuellen Lampen ausgestattet. In Zusammenarbeit mit Matthias Buck habe ich als Fachberaterin viele Erzieherinnen dabei unterstützen können, den Räumen ihrer Kitas den »Anstaltscharakter« zu nehmen.

Und genau das scheint mir der springende Punkt zu sein: Es ist erheblich aufwendiger, jeweils individuelle und erst recht optimale Lösungen für einzelne Räume und »Räume im Raum« zu finden. Es muss ein pädagogisches Konzept vorhanden sein, das in Beleuchtungsanforderungen übersetzt werden kann. Man muss zusammenarbeiten, und es muss jemanden geben, der etwas von Beleuchtung und ihrer Wirkung versteht. Man muss ausprobieren, Erfahrungen machen und sie

auswerten können. Nur mit dem gesunden Menschenverstand allein landet man im Zweifelsfall bei IKEA.

Weil Tageslicht so wichtig für die Entwicklung der Kinder ist, dürfen Sie es nicht dulden, dass Bäume oder Sträucher ihnen das Licht wegnehmen. Ebenso wenig sind bemalte Fenster akzeptabel.

Über die Gründe für Fensterbilder kann ich nur spekulieren. Auf meine Frage danach heißt es meist, dass es schon immer so war und den Kindern gefällt. Ich vermute aber, dass anfangs die Fensterfläche den Ausschlag gab. Sie war die einzige größere Fläche, die bemalt werden konnte. Später haben sich Kindergarten-Ausstattungs-Firmen dieses Themas angenommen, immer auf der Suche nach Möglichkeiten, ihre Produktpalette zu erweitern.

Weil es Fensterfarben gibt und weil es alle machen, scheint diese Praxis völlig selbstverständlich zu sein. Von Flensburg bis zum Bodensee, von Rostock bis Chemnitz erkennt man Kindergärten daran, dass ihre Fenster bemalt oder bebastelt sind, also als Fläche und als »Schaufenster« benutzt werden.

Wenn Sie der natürlichen Belichtung Priorität einräumen, können Sie die Fenster nicht länger nur als Fläche sehen. Wichtig ist, dass Licht hereinkommt und die Kinder einen unverstellten Blick nach draußen haben.

Maluntergründe finden die Kinder im Mini-Atelier. Sie müssen sich nicht mit Fensterflächen behelfen.

Eine andere Frage ist, wie die Kita sich nach außen darstellen will. Nach meinem Eindruck schwanken viele Kitas hier zwischen zwei Polen: Ich sehe perfekte Bastelarbeiten, die – je jünger die Kinder sind, desto sicherer – von Erwachsenen stammen und die Botschaft

---

80 Siehe dazu auch das Kapitel über Licht in: von der Beek, A.: Bildungsräume für Kinder von Drei bis Sechs, verlag das netz 2010, S. 237 ff.

verbreiten sollen: »Seht her! Das haben Kinder gemacht!« Tatsächlich aber haben Kinder unter Anleitung Erwachsener die Ideen von Erwachsenen mit den Mitteln Erwachsener umgesetzt.

Manchmal sehe ich auch ungelenke Malereien. Dage-

gen wäre nichts einzuwenden, wenn diese Arbeiten nicht das Licht und die Aussicht wegnehmen würden.

In Zukunft sollte ein Merkmal für die Qualität von Kindertagesstätten sein: Keine Bemalungen oder Bastelarbeiten an den Fenstern. Dafür viel Licht in den Räumen.

Akustik

Nach meiner Erfahrung ist in Kindergartengruppen alles in Ordnung, wenn es dort laut ist. Bis auf die Akustik, die mit technischen Maßnahmen verbessert werden muss.[81]

Ist es in Krippengruppen laut, läuft etwas schief, denn der hohe Geräuschpegel entsteht, weil zu viele Kinder weinen. Dass Kinder ihr körperliches Unwohlsein oder ihren Kummer ausdrücken, indem sie weinen, ist völlig selbstverständlich. Aber dieses Weinen ist kurz, weil sich die Kinder trösten lassen. Dass sie lange weinen, weil sie nur schwer zu trösten sind, ist die absolute Ausnahme – vorausgesetzt, die Eingewöhnung ist gelungen.

Der auffällige Rückgang des Weinens war für mich das eindrucksvollste Ergebnis der Einführung des Berliner Eingewöhnungmodells in Hamburger Krippen. Ausnahmslos alle Erzieherinnen, die mir von ihren Erfahrungen mit der neuen Art der Eingewöhnung berichteten, erwähnten diese Veränderung.

Ist dafür gesorgt, dass alle Kinder erst dann allein in der Krippe bleiben, wenn ihre Erzieherin sie trösten kann, ist es in einer Krippe im Vergleich zum Kindergarten und Hort auffällig leise. Für die Akustik bedeutet das: In Krippengruppen müssen Sie »nur« für eine

---

81 Siehe dazu auch das Kapitel über Akustik in: von der Beek, A.: Bildungsräume für Kinder von Drei bis Sechs, verlag das netz 2010, S. 227 ff.

gute akustische Atmosphäre sorgen. In Gruppen mit großer Altersmischung ist es dagegen unbedingt notwendig, den unvermeidlich hohen Geräuschpegel durch technische Maßnahmen, insbesondere Schallschutzdecken, zu dämpfen.

Was heißt »gute akustische Atmosphäre«? Um sie herzustellen, müssen Sie vor allem große schallharte Flächen vermeiden. Bei den Wänden lässt sich das leicht beschreiben: Sie sollten so offenporig wie möglich

sein. Dafür sorgt Raufasertapete, die einen ganz normalen Anstrich bekommt.

Wenn es in Ihren Räumen zu laut ist, kann Ihnen ein Wandanstrich aus Sajade helfen. Dabei handelt es sich um eine aus Textil-, Holz- und Pflanzenfasern bestehende Trockenmasse, die mit Kleister angerührt und mit einer Kelle aufgetragen wird. Sie wirkt wie Raufasertapete, ist aber erheblich schallabsorbierender, weil sie dauerhaft elastisch bleibt. Sajade erhalten Sie in größeren Malerbedarfsgeschäften.

Vermeiden Sie bitte unbedingt die Lackierung der Wände, auch wenn sich lackierte Oberflächen leichter abwischen lassen. Vorrang vor hygienischen Aspekten sollte der empfindliche akustische Sinn der Kinder haben – und der Ihre.

Dies gilt ebenso für lackierte Möbel. Lackierte Schrankwände vervielfachen durch ihre harte Oberfläche den Schall, offene Regale reduzieren ihn. Industriell gefertigte Spielpodeste, Tische, Stühle und Unterschränke bestehen aus lauter lackierten Einzelteilen, sind also Schall-Vervielfacher.

Zu einer akustisch angenehmen Atmosphäre tragen Möbel aus unlackiertem Holz bei, dessen offene Poren den Schall absorbieren. Mir ist nicht bekannt, ob dieses Argument auch die Vertreter der Waldorfpädagogik bewog, in ihren Kindergärten nur Möbel aus Naturholz zu dulden. Doch in diesem wie auch in anderen Aspekten der Raumgestaltung stimmt die Waldorfpädagogik mit dem Hamburger Raumgestaltungskonzept überein – zwei Konzepte, die sich ansonsten deutlich unterscheiden.

Selbstverständlich ist es unrealistisch, dass alle Kindergärten ihre Möbel austauschen. Aber für den Fall der Neuanschaffung von Möbeln möchte ich Sie auf das Kriterium der Sinnenfreundlichkeit aufmerksam machen, das beim Kauf eine Rolle spielen sollte. Unlackierte Möbel sind nicht nur schallschluckend, sie fassen sich auch gut an. Und individuell von einem Tischler angefertigte Möbel haben den großen Vorteil, dass Sie sie den räumlichen Gegebenheiten anpassen können.

Neben den Maßnahmen, die bei einem Neubau, Umbau oder einer Renovierung bedacht werden sollten, gibt es ganz alltägliche Dinge, die die Akustik verbessern. Dazu gehört alles, was aus Stoff besteht, weil die »Löcher« im Stoff den Schall absorbieren. Ich empfehle deshalb auch Gardinen, deren Stoff nicht zu leicht sein sollte, damit er den Schall aufnehmen kann.

Viele Alltagsmaterialien, die Sie Kindern zum Spielen anbieten sollten – zum Beispiel Decken, Kissen und Tücher –, sind aus Stoff. Fast alle Naturmaterialien, die ich im vorangegangenen Kapitel als Spielzeug für junge Kinder vorschlage, sind offenporig und damit schallschluckend.

Gerüche

Mittel der Raumgestaltung und der Materialauswahl dürfen den Geruchssinn von kleinen Kindern nicht überstrapazieren. Das betrifft vor allem die Trennung von Sanitär- und Gruppenbereich sowie die effektive Belüftung des Sanitärbereichs. Achten Sie darauf, dass der Windeleimer gut schließt und keine unangenehmen Gerüche verbreitet.

Bei guten Gerüchen empfehle ich Zurückhaltung. In der Krippe würde ich zum Beispiel keine Duftlampen aufstellen, da kleinen Kindern der Kontext für deren Geruch fehlt. Sie können den Geruch nicht einordnen.

Aber vielleicht bieten Sie etwas zum Spielen an, das duftet, zum Beispiel etwas aus Zedern- oder Rosenholz. Und viele der im vorangegangenen Kapitel vorgeschlagenen Naturmaterialien behalten – ebenso wie ein schonend gegerbtes Schaffell – ihren Geruch. Übrigens haben auch unlackierte Möbel oder Spielpodeste – neben den weiter oben angeführten Vorzügen – die Eigenschaft, noch lange Zeit intensiv nach Holz zu riechen.

Die Rolle der Erzieherin

In der Krippe verfügen Erzieherinnen über ganz andere Möglichkeiten, als sie die meisten Eltern haben, um die Experimentierlust und die Gestaltungsfreude der jüngsten Kinder zu fördern. Das bezieht sich sowohl auf die innere Einstellung als auch auf die Räume und Materialien.

Manchmal lassen sich Eltern durch das, was ihren Kindern in der Krippe geboten wird, anregen und richten ihrem Kind zum Beispiel einen »Maltisch« ein oder besorgen eine kleine Staffelei. Doch was in Krippen möglich ist, die sich sowohl bei den Materialangeboten als auch bei der Gestaltung der Räume konsequent am Ziel der Förderung von Kreativität orientieren, können die meisten Eltern ihren Kindern nicht bieten.

Da jeder Mensch mit einem kreativen Potenzial auf die Welt kommt, haben auch wir Erwachsenen eine Quelle, aus der wir schöpfen können. Um dem nachzuspüren, könnten Sie sich an Ihre Kindheit erinnern: Was hat Sie besonders interessiert? Gab es brennende Fragen, auf die Sie Antworten suchten? Womit haben Sie experimentiert? Was haben Sie erfunden? Konnten Sie etwas, auf das Sie besonders stolz waren?

Dies könnte auch im Rahmen eines Studientages geschehen, bei dem sich das Team mit »Spielorten der Kindheit« beschäftigt. Zu diesem Zweck erhält jede Kollegin ein größeres Blatt Papier, Stifte und die Aufgabe, die Spielorte ihrer Kindheit aufzuzeichnen. Die Skizzen und dazu erzählte Geschichten ergeben ein plastisches Bild des kreativen Kindes, das jeder von uns einmal war.

Jeder Mensch hat Stärken und Schwächen, Vorlieben und Abneigungen. Oft sind diejenigen, die sich gern bewegen, weniger am bildnerischen Gestalten interessiert und umgekehrt. Solche Unterschiede sollte ein Team nutzen. Wenn zwei oder mehrere Erzieherinnen zusammenarbeiten, könnte die Kollegin, die eine Vorliebe für Malen, Zeichnen und Formen hat, auch für diesen Bereich zuständig sein. Diese Zuständigkeit bezieht sich sowohl auf die Raumgestaltung als auch auf die Materialauswahl und die Angebote an die Kinder.

Werden solche Zuständigkeiten festgelegt, muss auch für Unterstützung gesorgt werden. Dazu gehört in erster Linie die Möglichkeit, an einschlägigen Fortbildungen teilzunehmen.

Es ist allerdings nicht leicht, themenspezifische Fortbildungen zu finden, die sich auf bestimmte Entwicklungsphasen – wie zum Beispiel das Krippenalter – beziehen. Manchmal ist es möglich, das Fortbildungsangebot durch die präzise Beschreibung des Nachgefragten zu beeinflussen. Hilfreich ist es auch, mit denjenigen Kolleginnen einen Arbeitskreis zu bilden, die sich mit einem Gebiet beschäftigen – zum Beispiel Erzieherinnen, die im Atelier arbeiten –, um Erfahrungen auszutauschen und praktische Tipps weiterzugeben.

Erzieherinnen, die sich zu einer Gruppe zusammengefunden haben, müssten übrigens schon auf Grund ihrer Anzahl bei Fortbildungswünschen Gehör finden, vor allem, wenn sie demselben Träger angehören. Doch auch wenn das nicht der Fall ist, kann man eine Interessengruppe bilden und mit Fortbildungsreferenten kooperieren, die sich einem solchen Vorhaben gegenüber aufgeschlossen zeigen. Finden sich genügend Interessierte, lohnt es sich vielleicht sogar, selbstständig eine Referentin oder einen Referenten zu engagieren.

Das Hinterlassen von Spuren ermöglichen

Wie können Sie die Gestaltungsfreude von Kindern unterstützen, die in einem Alter sind, in dem sie nach herkömmlicher Ansicht noch nicht malen können? Sicherlich nicht, indem Sie versuchen, traditionelle Methoden der Kreativitätsförderung aus dem Kindergarten für die Krippenkinder abzuwandeln. Produktiv ist nämlich nicht die von der Schule über den Kindergarten zur Krippe absteigende, sondern die aufsteigende didaktische Linie.

Der französische Psychoanalytiker Daniel Widlöcher hat einfühlsam interpretiert, warum kleine Kinder gerne malen: »Das Kind ist vor allem an dauerhaften Spuren interessiert. Denn die Beständigkeit der graphischen Spur beglückt es besonders. Darin bildet sie das Gegenteil der klingenden Spur, die natürlicherweise sofort wieder verschwindet (...). Diese Dauerhaftigkeit der graphischen Spur ist also Quelle des Glücks. Sie ist das erste Produkt, das vor den Augen des kleinen menschlichen Wesens eine eigene, von ihm losgelöste Wirklichkeit, ein ›Double‹ darstellt.«[82]

Die Tatsache, dass ganz junge Kinder Spuren hinterlassen können, die man sehen und auf einem Blatt Papier aufheben kann, ist für mich der wichtigste Grund dafür, schon in der Krippe Mini-Ateliers einzurichten.

Widlöcher weist darauf hin, dass sich ein kleines Kind am »graphischen Plappern« ebenso wie an seinen Stimmeffekten erfreut, die aber vom unmittelbaren Herstellungsprozess nicht zu trennen, also vergänglich sind. Die Freude des Kindes an der Produktion von Tönen können Sie durch eine zugewandte Haltung unterstützen. Doch um zu singen oder Musik zu machen, muss das Kind sich mit einem kulturell vermittelten System von Symbolen – Melodie, Rhythmus und bestimmte Techniken – vertraut machen. Dazu braucht es uns Erwachsene.[83]

Um zu malen, braucht es uns nicht. Im Gegenteil: Oft behindern Erwachsene ein Kind oder entmotivieren es. »Ließe man das Kind in seinen Spielen frei gewähren, so würden wir es mit Freude jede Substanz mit Hilfe seiner Finger bearbeiten sehen, welche geeignet ist, eine Spur zu hinterlassen.(...) Aber die Eltern oder die Betreuer des Kindes neigen dazu, alles von ihm fernzuhalten, was es dazu veranlassen könnte, Schmutz oder Flecken zu machen oder sich mit Schmutz zu beschäftigen.«[84]

Noch bevor ein Kind einen Strich macht, stellt die Spur sein erstes Ausdrucksmittel dar. Widlöcher macht darauf aufmerksam, dass das Kritzeln, das wir im Allgemeinen als die erste gestalterische Aktivität des kleinen Kindes ansehen, »ein Produkt unserer industriellen Zivilisation ist«.[85] Kinder kritzeln, weil ihnen Stifte – und keine anderen Materialien – zur Verfügung gestellt werden. Die Art des benutzten Instruments prägt den Ausdruck. Wenn ein Kind also nicht mit der Hand oder dem Pinsel, sondern nur mit einem Stift malen kann, ist sein erster Ausdruck die Linie.

---

82 Widlöcher, D.: Was eine Kinderzeichnung verrät. Fischer Taschenbuch 1984, S. 32. Leider ist das Buch vergriffen.
83 Siehe dazu Kapitel 9: Plätze für Angebote der Erzieherinnen, S. 157
84 Widlöcher 1984, S. 32
85 Widlöcher 1984, S. 12

Wenn Sie darauf achten, entdecken Sie im kindlichen Verhalten ständig Muster oder Schemata wie die »gerade Linie«. Schemata sind etwas Verbindendes, etwas, das sich wiederholt und einen Wiedererkennungseffekt hat.

Sibylle Haas[86] hat folgende Beispiele für das kindliche Verhaltensmuster oder Schema »Linie« zusammengetragen: Mit einem Stöckchen im Sand malen, mit Stift auf Papier malen, aufrecht stehen, sich fallen lassen, Dinge fallen lassen.[87] An diesen Beispielen fällt zunächst auf, dass sie sehr unterschiedlich sind. Darin liegt der Sinn des Begriffs »Schema«: Nach dem Verbindenden im Unterschiedlichen suchen.

Nicht zu übersehen ist auch der Zusammenhang zwischen Gestalten und Bewegung. Das verdeutlicht Haas am Schema »Rotation«[88]. Die Kreise und Spiralen, die Kinder malen, das Kreiseln um ihre eigene Achse oder das Phänomen, dass sie immer wieder um einen Gegenstand herumlaufen – all dies bildet einen Zusammenhang.

Widlöcher beschreibt den Zusammenhang, der bei kleinen Kindern zwischen Gestaltung und Bewegung besteht, sehr genau. Er schildert das Kritzeln als eine schwingende, dann sich drehende Bewegung, die ursprünglich durch die Beugung des Unterarms bestimmt ist, wobei das Handgelenk gerade gehalten wird. »Die Linien entstehen aus der Beugung und Streckung des Unterarms. Dieselbe Bewegung kann zu einer Kreisform führen, die sich von Mal zu Mal deutlicher abrundet, oder zu einer Häufung paralleler, schräger oder verti-

kaler Striche. (...) In diesem Stadium erkennt man, wie sehr die zeichnerische Bewegung von der Körperachse abhängt.«[89] Beherrschen Kinder ihren Körper immer besser, verändern sich ihre Zeichnungen.

86 Sibylle Haas ist Dozentin, systemische Beraterin und Kunsttherapeutin. Sie leitet das Projekt Mal- und Lernwerkstatt im Jugendamt Berlin Charlottenburg-Wilmersdorf und gründete IBiKu, das Institut für ästhetische Bildung und humanistische Kunsttherapie.

87 Haas, S.: Auf den Spuren kindlicher Verhaltensmuster. Die Linie. In: Betrifft KINDER, Heft 2-3/2005, S. 24

88 Haas, S.: Auf den Spuren kindlicher Verhaltensmuster. Rotation. In: Betrifft KINDER, Heft 4/2005, S. 31

89 Widlöcher, D.: Was eine Kinderzeichnung verrät. Fischer Taschenbuch 1984, S. 35

können Sie dies hervorragend in die pädagogische Arbeit einbringen. Dabei finde ich eines sehr interessant: Die moderne Kunst bietet kleinen Kindern eine viel direktere Verbindung zu den Bildenden Künsten als die Beschäftigung mit traditioneller Malerei. In der zeitgenössischen Kunst sind spielerische Verfahren und experimentelle Techniken zu finden, die den Jüngsten entgegenkommen.

Petra Kathke[91] breitet in ihren beiden Bänden über »Sinn und Eigensinn des Materials« eine fast unerschöpfliche Fülle von Anregungen aus – allerdings nicht für die Arbeit mit Krippenkindern, sondern mit älteren Kindergarten- und Grundschulkindern. Besonders faszinierend sind die engen Bezüge, die die Autorin zwischen den Möglichkeiten von Kindern, sich mit Materialien auseinander zu setzen, und denen der modernen Kunst herstellt.

Die Möglichkeit zur Wiederholung, also zur Vervollkommnung der eigenen Fähigkeiten, hängt nicht so sehr von der Motivation eines Kindes, sondern von seiner Umgebung ab. Stellen Sie Farben, Pinsel, weiche Stifte und geeignete Maluntergründe bereit, werden die Kinder malen, vor allem, wenn all das täglich zur Verfügung steht. Diese Chance bietet ein Mini-Atelier in der Krippe.

Um kreative Gestaltung anzuregen, müssen Sie keine Künstlerin oder Kunstkennerin sein. »Es genügen Offenheit und die Bereitschaft, sich mit Kindern den Dingen des Alltags fragend zu nähern.«[90] Wenn Sie sich allerdings für Malerei und Bildende Kunst interessieren,

Die anderen Kinder

Nicht nur Materialien wie Kleister und Ton können kleine Kinder zur Zusammenarbeit anregen, sondern auch die Atmosphäre, die entsteht, wenn Sie sich mit mehreren Kindern einem Thema widmen. Viele Jahre lang arbeitete ich in einer Hamburger Krippe mit der Erzieherin Ulla Gollmer-Kröbl zusammen, um von ihr zu lernen und ihre Arbeit zu dokumentieren. Bevor ich sie kennen lernte, erschien es mir unwahrscheinlich, dass man mit Kindern unter drei Jahren in Projektform arbeiten kann. Zwar halte ich es nach wie vor nicht für selbstverständlich, aber unter bestimmten Bedingungen können bis

---

90 Kathke, P.: Sinn und Eigensinn des Materials. Band 1. Beltz Verlag 2001, S. 206
91 Petra Kathke ist Kunstpädagogin, Kunsthistorikerin und arbeitet im Bereich der ästhetischen Erziehung mit Kindern, Jugendlichen und Erwachsenen.

Das Zwiebel · Turm · Projekt

Die Kinder zeigten sich besonders begeistert von den Zwiebeln auf den Türmen. Das brachte Ulla auf die Idee, mit ihnen Türme in Hundertwasser Manier zu bemalen und sie mit Zwiebelformen zu krönen. Aus dem Werkstattfundus erhielten die Kinder Vierkantholzabschnitte, die der Tischler als Reste von Einbauten im Raum dagelassen hatte. Die Hundertwasserreproduktionen vor Augen und im ständigen Dialog mit der Erzieherin gestalteten die Kinder die Türme

Das Zwiebel · Turm · Projekt

Außer von den Zwiebeltürmen waren Kinder und Erzieherin ungemein beeindruckt von Bäumen auf den Dächern der Häuser, die nach Hundertwassers Entwürfen gebaut worden sind. Deshalb bohrte ihnen Ulla ein Loch in einen der Türme, so daß sie einen Zweig hineinstecken konnten, der die Bäume auf den Dächern symbolisiert.

Das Zwiebel·Turm·Projekt

In der Kita wird der wenige vorhandene Platz für Dokumentationen im Treppenhaus und auf den tiefen Fensterbänken des Altbaus genutzt. Das Zwiebel-Turm-Projekt wurde mit einem kurzen Text, 2 Postern von Hundertwasser, Fotos von den Kindern in Aktion und einigen ihrer Werke dokumentiert

  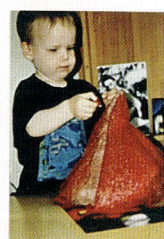

zu sieben Kinder – in dieser Krippe zwei bis drei Jahre alt – in wechselnden Besetzungen und über viele Wochen zusammen an einem Thema arbeiten.

Ausgangspunkt des Projekts war ein Band mit Bildern des Malers Friedensreich Hundertwasser, die die Erzieherin mit den Kindern betrachtete. Die Kinder waren begeistert. Lange schauten sie sich die Bilder an und machten sich gegenseitig auf Details aufmerksam. Besonders angetan waren sie von den Zwiebeln auf den Türmen. Das brachte die Erzieherin auf die Idee, mit ihnen Türme in Hundertwasser-Manier zu bemalen und sie mit Zwiebeln zu krönen.

Aus dem Werkstattfundus bekamen die Kinder Vierkantholzabschnitte. Reproduktionen der Hundertwasser-Bilder lagen ihnen vor. Im Dialog mit der Erzieherin malten sie die Türme mit leuchtenden Farben an. Als sie den Wunsch äußerten, die Türme zu verzieren, erhielten sie eine Auswahl an Naturmaterialien, darunter für jedes Kind eine Gemüsezwiebel. Die Zwiebeln wurden angeschaut, befühlt, berochen und auf die Türme gelegt.

Nun wollten die Kinder selbst Zwiebeln herstellen. Sie bekamen Zeitungspapier, das sie in Kleister tauchten und so zusammendrückten, dass eine Zwiebelform entstand. Dann konnten sie sich aussuchen, ob sie das Pappmaché anmalen oder ihre »Zwiebeln« mit Seide und Tüll verkleiden wollten.

Als die Erzieherin den Bildband erneut mit den Kindern anschaute, waren es die Bäume auf den Dächern der Häuser, die sie am meisten beeindruckten. Also bohrte die Erzieherin in einen der Türme ein Loch, damit die Kinder einen Zweig hineinstecken konnten – Symbol für die Bäume auf Hundertwassers Dächern. Wie ist es möglich, dass Kinder im dritten Lebensjahr gemeinsam an einem Thema aus der Welt der Kunst

arbeiten und sich mit künstlerischen Mitteln ausdrücken?

Ich mutmaße: Es war der fantastische und zugleich realistische Charakter der Gemälde, der die Kinder zum Staunen brachte und ihre Fantasie anregte. Die Erzieherin hatte also mit der Auswahl der Bilder ins Schwarze getroffen. Damit es nicht bei der Bildbetrachtung blieb, musste sie aktiv werden und am richtigen Punkt anknüpfen. Sie fand ihn, weil sie die Kinder aufmerksam beobachtete und ihnen zuhörte.

Als der Anknüpfungspunkt da war, musste sie Materialien und Techniken anbieten, die die Kinder weder unter- noch überforderten, sondern an ihren Fähigkeiten anknüpften. Das heißt: Die Vorgeschichte war ebenso wichtig wie die zündende Idee. Der Funke sprang deswegen über, weil die meisten der am Projekt beteiligten Kinder Vorerfahrungen mit dem bildnerischen Gestalten hatten. Schon seit Monaten hatten sie sich intensiv mit Farben und Formen auseinander gesetzt und waren – die einen mehr, die anderen weniger – in der Lage, das, was sie ausdrücken wollten, auch umzusetzen. Da Kinder aus verschiedenen Gruppen am Projekt beteiligt waren, konnte ich beobachten, wie ansteckend die Selbstsicherheit und Tatkraft der erfahreneren Kinder auf die anderen wirkte.

Mini-Ateliers

Das Wort »Mini-Atelier« verwende ich, weil es sich nicht unbedingt um einen eigenen Raum, aber um einen Bereich im Raum handeln sollte, der nur dem bildnerischen Gestalten vorbehalten ist. Ein multifunktionaler Tisch, an dem gemalt, aber auch gegessen wird, reicht nicht aus. Die Kinder brauchen eine vorbereitete Umgebung, damit sie einerseits jederzeit die Möglichkeit haben, zu malen. Andererseits sollten Sie ihnen Materialien zum Experimentieren ohne große Umstände bereitstellen und sie bei ihrem Tun begleiten können.[92]

Am besten richten Sie die Malecke mit einem Tisch am Fenster ein. Vielleicht können Sie zusätzlich eine verbreiterte, niedrige Fensterbank nutzen oder anbringen lassen. Auf jeden Fall sollte es eine Staffelei geben[92A]. Eigentlich ist auch ein Waschbecken unerlässlich, vor allem, wenn sich im Sanitärraum nicht alles verwirklichen lässt, was man mit Krippenkindern dort machen kann[93]. Optimal wäre ein Waschbecken im Mini-Atelier und ein krippengerechter Sanitärraum mit Waschrinne und Platz zum Experimentieren.

In unmittelbarer Nähe der Fensterbank, des Tisches und der Staffelei sollte sich ein Regal befinden, auf dem die Kinder Papier und geeignetes Malwerkzeug finden. Andere Materialien – angerührter Tapetenkleister, Farbpigmente, Pinsel, Ton und besonderes Papier – sollten so gelagert sein, dass Sie sie jederzeit leicht erreichen und anbieten können.

Stühle sind überflüssig. Auch Hocker brauchen die Kinder nicht. Als Unterlage für das Malen mit flüssigen Farben haben sich Malbretter[94] bewährt. Ein einfaches Gestell zur Aufbewahrung – der Malbretter-Turm – kann gleichzeitig als Trockengestell dienen[95].

Da kleine Kinder körperbezogen gestalten, eignet sich ein krippengerechter Sanitärraum besonders gut als Mini-Atelier[96]. Eine sinnesanregende Umgebung ist allerdings nicht nur für Kinder wichtig, die sich mit größter Begeisterung einschmieren, sondern ebenso für diejenigen, die zunächst alles Matschige meiden.

Natürlich werden kindliche Aktivitäten durch die elterlichen Vorstellungen von Ordnung und Sauberkeit ebenso wie durch die Einstellung der Erzieherinnen

---

92 von der Beek, A.: Pampers, Pinsel und Pigmente, verlag das netz 2007

92A Eine doppelseitige Staffelei für Krippenkinder können Sie selbst herstellen: Zwei Holzplatten werden an einer Seite mit Klavierband verbunden und wie ein Zelt aufgestellt. Sie benötigen zwei Ketten an beiden Seiten, um die Staffelei stabil aufstellen zu können. Wichtig ist ein Kasten auf jeder Seite, möglichst weit unten angebracht, um die Farbgläser kippsicher aufzubewahren.

93 In manchen Räumen gibt es Küchenzeilen oder Kinderküchen, die Sie nutzen können. Eventuell lässt sich an der Wand ein Waschbecken anbringen, auf dessen Rückseite sich Wasseranschlüsse befinden. In Hamburger Kitas war es auf diese Weise möglich, die Qualität des pädagogischen Angebots erheblich zu verbessern.

94 Dabei handelt es sich um beschichtete Holzbretter, in jedem Baumarkt erhältlich, die Sie sich im Format 50 Zentimeter x 40 Zentimeter zuschneiden lassen.

95 Bezugsquelle für Malbretterturm siehe S. 172

96 Siehe dazu in Kapitel 5: Sanitärräume als Erlebnisräume

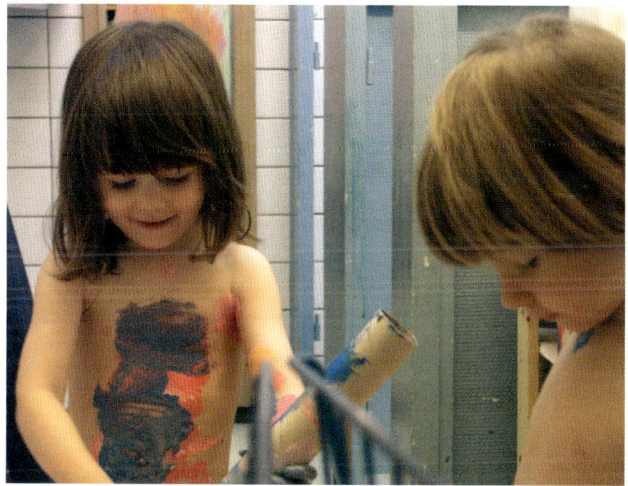

beeinflusst, die vor »feuchten« Angeboten eventuell zurückschrecken. Zwar ist es möglich, eine dicke Plastikfolie im Gruppenraum auszulegen und die Kinder hinterher mit einem Waschlappen zu reinigen, aber es liegt auf der Hand, dass solche Aktionen im Alltag viel zu aufwändig sind.

Wenn es im Sanitärraum wenigstens Platz für eine große Wanne gibt, können Sie die Körpermalaktion mit einem kleinen Badefest verbinden. Aber auch hier gilt, dass das Füllen, Ausleeren, Trocknen und Aufbewahren von Wannen oder aufblasbaren Schwimmbecken zu umständlich und deswegen nur etwas für Sommertage im Garten ist. Schon unser Klima schränkt diese Möglichkeiten ein. Deshalb plädiere ich für eine Ausstattung der Innenräume, die die Palette der Angebote an kleine Kinder wesentlich erweitert.

Wichtiger als die Unabhängigkeit vom Wetter finde ich jedoch, dass Sie Angebote zur Kreativitätsförderung in den Alltag integrieren können. Wurde ein Plansch-

becken im Sanitärraum eingebaut, müssen Sie nur das Material bereitstellen, Wasser einlassen, sich zu den Kindern setzen, ihnen eventuell beim Säubern helfen und sie zum Schluss abtrocknen.

Sicher, solche Angebote sind nur etwas für wenige Kinder, und Sie müssen schon zu zweit sein, um sie machen zu können. Manchmal können Sie Kinder einbeziehen, die nur zuschauen wollen. Besonders neue oder sehr zurückhaltende Kinder lassen sich oft Zeit. Auch deswegen ist es sinnvoll, solche Angebote ganz selbstverständlich bereitzuhalten, als etwas Alltägliches. Dann können Kinder sie ihrem eigenen Tempo entsprechend annehmen.

Idealerweise hat ein Krippensanitärraum drei Bereiche: Einen für die Körperpflege mit Wickeltisch und Toiletten, einen multifunktionalen Bereich mit Waschrinne und Dusche oder Planschgelegenheit für Körperpflege und Experimente und einen Platz zur Kreativitätsförderung mit einem Tisch und einem Regal. Für alle Aktivitäten ist ein Ablauf im Boden wichtig.

Ein Mini-Atelier im Sanitärraum hat für die Kinder den Vorteil, dass sie die Experimente mit Wasser, mit Kleister, mit Ton und mit ihrem eigenen Körper miteinander verbinden und von einem zum anderen übergehen konnen. Für Sie als Erzieherin bringt das eine erhebliche Arbeitserleichterung mit sich. Das betone ich deswegen, weil es bei dem gegenwärtigen Personalschlüssel in Kitas nahezu ausgeschlossen ist, dass kleinen Kindern solche zeitintensiven Angebote gemacht werden. In einer unterstützenden Raumgestaltung sehe ich eine der wenigen Möglichkeiten, dringend Erwünschtes tatsächlich Wirklichkeit werden zu lassen.

Ein Tisch oder eine verbreiterte Fensterbank, eine Staffelei, ein Regal mit Papier und Stiften, eine Auswahl an Borstenpinseln, flüssige Farben, Kleister, Ton und

eine Papiersammlung sowie eine Sammlung von Natur-materialien im Gruppenraum – mehr gehört nicht zur Grundausstattung eines Mini-Ateliers für Krippenkinder, aber auch nicht weniger. Die Arbeitsflächen sollten separat beleuchtet werden, und eine große Pinnwand darf nicht fehlen.

Arbeitserleichternd wären ein Wasseranschluss und ein Gestell mit Malbrettern. Mit Spendengeldern könnte ein Zeichenpapierschrank zur Aufbewahrung von Kinder-arbeiten und Dokumentationen angeschafft werden.

Materialien zum Experimentieren und Gestalten

Wie müssen Materialien beschaffen sein, damit sie zum Experimentieren und Gestalten anregen? Auf jeden Fall sollten es Materialien sein, mit denen kleine Kinder umgehen können.

Wer genau hinschaut, entdeckt, dass kleine Kinder ausgiebig mit Wasser experimentieren[97] und sich inten-siv mit allem beschäftigen, was matschig ist. Bei den Mahlzeiten – sei es zu Hause oder in der Krippe – fällt

---

97 Siehe in Kapitel 5: Sanitärräume als Erlebnisräume, S. 118

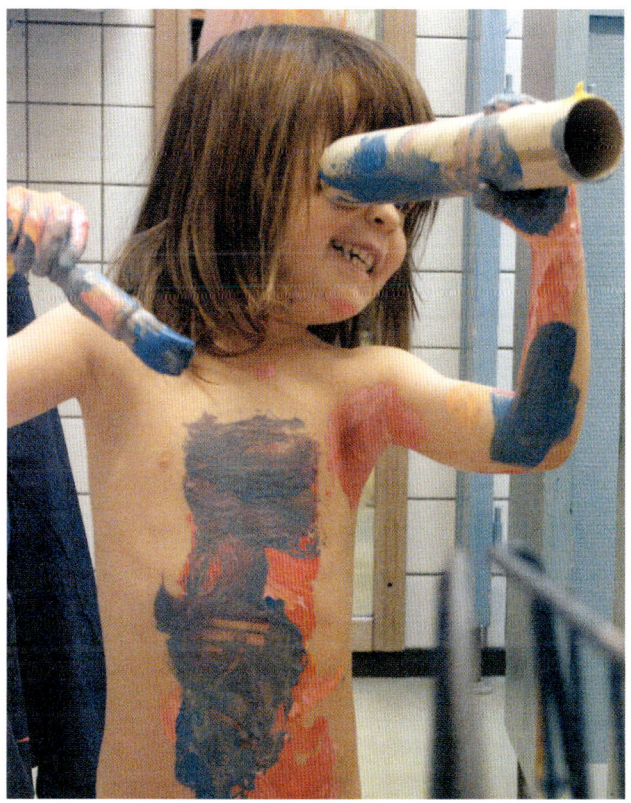

erkennen den Zusammenhang, der zwischen der Bewegung ihrer Hände und der Schmierspur besteht. Indem sie die entsprechenden Handbewegungen bewusst wiederholen, machen die Kinder positive Erfahrungen mit ihrer eigenen Wirksamkeit: »Das habe ich gemacht! Das kann ich!«

Damit Sie mich nicht falsch verstehen: Ich will an dieser Stelle nicht dem anti-autoritären »Laissez faire« das Wort reden, sondern Ihren Blick darauf lenken, was Kinder können. Das bekommen Sie heraus, wenn Sie beobachten, was die Kinder tun.

Darüber hinaus gibt es Kriterien für die Suche nach Materialien, die kleine Kinder zum Experimentieren und Gestalten anregen. Dazu zähle ich die Konsistenz, die Verfügbarkeit, die Mehrdimensionalität und die Handhabbarkeit von Materialien und gehe im Folgenden näher darauf ein.

Tapetenkleister als erstes Experimentiermaterial

Ein wichtiges Merkmal ist offenbar die Konsistenz des Materials. Es darf nicht zu hart, es muss eher weich und flüssig sein. Ein anderes Kriterium ist die Verfügbarkeit. Es sollte in Mengen vorhanden, aber nicht zu teuer sein. Schließlich sollte das Material nicht eindimensional, sondern vielfältig einsetzbar sein.

Ganz normaler Tapetenkleister erfüllt diese Kriterien. In der Zusammenarbeit mit der Hamburger Erzieherin Ulla Gollmer-Kröbl habe ich beobachten können, wie gut sich Kleister als erstes Gestaltungsmaterial eignet, denn er kann fest wie Pudding oder fast so flüssig wie Wasser sein. Die Kinder können ihn mit Wollfäden, Stoffresten, Sägespänen oder Sand kombinieren – dann wird aus dem Schmieren ein Matschen oder Formen.

auf, dass Schmieren ihnen offenbar eine ursprüngliche Lust bereitet: Herrlich, einen Marmeladenklecks zu verschmieren!

Sicherlich haben auch Sie die Erfahrung gemacht, dass es wenig nutzt, Finger, Mund und Tisch abzuwischen. Bei der nächsten sich bietenden Gelegenheit nimmt das Kind die Herstellung von Schmierspuren wieder auf.

Vom entwicklungspsychologischen Standpunkt aus gesehen, sind die Schmieraktivitäten kleiner Kinder Zeichen für sich herausbildende Fähigkeiten: Die Kinder

Vor allem kann Kleister als Bindemittel für Farbpigmente[98] dienen. Mit flüssigen Kleister-Farben finden die Kinder von selbst zum Gestalten. Diese Erkenntnis führte zur Entwicklung der Fingerfarben, die ich allerdings aus zwei Gründen nicht empfehle: Ihre Farbpalette ist unattraktiv, und sie sind teurer als selbst hergestellte Farben.

Kleister hingegen lässt sich in seiner ganzen Bandbreite einsetzen: vom puren Material bis zum Bindemittel. Mit den Kleisterfarben können die Kinder auf dem Tisch malen. Hierfür eignen sich alte Tische oder neue Tische mit glatten Oberflächen. Mit einem Schaber und einer Fotoentwicklungsschale können Sie den Kleister leicht entfernen, wenn Sie den Tisch nicht jedes Mal mit Papier abdecken wollen. Oder Sie schaffen Malbretter an – in Hamburg haben wir gute Erfahrungen damit gemacht –, die Sie sich in jedem Baumarkt zuschneiden lassen können. Die Kinder können entweder nur die Malbretter benutzen, die danach abgewaschen werden, oder die Bretter dienen als Unterlage für Papier. Natürlich lassen sich mit Kleister gebundene Farben auch an der Staffelei verwenden. Dann sollten sie allerdings dickflüssig sein.

Wenn man sie lässt, benutzen Kinder als ersten Malgrund ihren eigenen Körper. Sicher haben Sie schon beobachtet, dass kleine Kinder mit dem Pinsel auch ihre Hände einfärben und dann mit den Händen weitermalen. In einer Hamburger Krippe stellte ich fest, dass Kinder, die ihren eigenen Körper, ihre Hände und Arme ungehindert bemalen konnten, sich bald anderen Malgründen zuwandten. Ich halte das für folgerichtig.

Zuerst probieren die Kinder das aus, was ihnen am nächsten liegt, nämlich ihren eigenen Körper. Sie machen damit die multi-sensorischen Erfahrungen, auf die Gerd E. Schäfer aufmerksam macht. »Aus der Wahrnehmungsforschung wissen wir (...), dass unsere Sinne nicht getrennt voneinander funktionieren. Zwar hat jedes Sinnessystem seine eigenen Verarbeitungsnetze. Aber diese Netze stehen in enger Verbindung. Dabei erfolgt die Verknüpfung bereits auf allen Ebenen des gesamten Verarbeitungsprozesses. Die verschiedenen Wahrnehmungsweisen (Sehen, Hören, Riechen, Tasten usw.) beeinflussen einander bereits während des Wahrnehmungsprozesses. Sinn dieser engen Verbindung scheint zu sein, dass sich Informationen gegenseitig ergänzen können: Wenn ich etwas aus vielen Quellen weiß, weiß ich es besser, als wenn ich es nur aus einer Quelle weiß.«[99]

Ton zum Formen

Neben dem zweidimensionalen Malen auf einer Fläche sollten die Kinder Gelegenheit zum dreidimensionalen Gestalten haben. Gerade für die Jüngsten bietet sich das Naturmaterial Ton zum Formen an. Sie bekommen den Ton in einem großen Klumpen – etwa 10 Kilogramm im Block, also nicht in kleinen Portionen zugeteilt. Natürlich muss das Material weich und geschmeidig, es darf nicht alt und ausgetrocknet sein.

Mit dem Ton dürfen die Kinder experimentieren. Der große Klumpen fordert sie heraus. Sie wollen ihn mit ihren Sinnen erfassen: Sie patschen mit ihren Händen darauf herum, erkunden seine Oberfläche und seine

---

98 Farbpigmente in größeren Mengen erhalten Sie preiswert in Künstlerbedarfs-Geschäften.

99 Schäfer, G. E. (Hrsg.): Bildung beginnt mit der Geburt. Beltz Verlag 2005, S. 38

Konsistenz, erfahren, ob er glatt oder rau ist, bohren ihre Finger hinein, nehmen seinen Geruch wahr, erproben ihre Kräfte an ihm und zupfen oder reißen schließlich Stücke ab.

Die Formen, die entstehen, sind zufällig. Entweder werden sie von den Kinder wieder vernichtet, oder sie sind Ausgangspunkte für weiteres Gestalten. Erste »Grundformen« wie Walze und Kugel finden die Kinder ganz von allein. Aus Rollen werden »Schlangen« oder »Schnecken« und aus Kugeln »Bälle«, »Obst« oder »Männchen«. Aus diesen selbstständig gefundenen Formen – die auch über längere Zeit einen zufälligen Charakter behalten können – entwickeln die Kinder sowohl Geschichten als auch Konstruktionen oder Bauwerke. Sie benennen ihre Produkte, spielen damit und regen sich gegenseitig zu Deutungen und zur Fortentwicklung von Geschichten an.

Liegt der Ton auf einem Tisch, an dem mehrere Kinder Platz finden, ergibt sich möglicherweise eine Zusammenarbeit – für kurze Zeit oder auch so lange, bis ein Gemeinschaftswerk entstanden ist. Der Ton-Tisch sollte so hoch sein, dass die Kinder im Stehen daran arbeiten können, und eine widerstandsfähige Oberfläche[100] haben, von der sich das Material mit einem Schaber leicht lösen lässt. Steht auf dem Tisch eine kleine Schüssel mit Wasser, können die Kinder Erfahrungen mit einer anderen Konsistenz des Tons machen und ihre Gestaltungsmöglichkeiten erweitern. Mit dem Wasser sollten Sie jedoch warten, bis Sie sicher sind, dass die Kinder mit dem matschigen Ton keine unangenehmen Überra-

schungen produzieren. Unbeschwerter verlaufen solche Experimente im Sommer draußen oder im Sanitärraum.

Erst nach ausgiebigem Experimentieren mit dem Ton sollten Sie den Kindern Hilfsmittel wie Kämme, Gabeln oder Holzstäbchen und Naturmaterialien wie Steinchen, Muscheln oder Federn zur Verfügung stellen. Erklären Sie ihnen, dass sie nach Herzenslust mit dem Ton experimentieren können und dass es nicht darum geht, am Ende ein »Produkt« mit nach Hause zu nehmen. Deshalb wird der Ton zu einem verabredeten Zeitpunkt wieder zu einem Klumpen verarbeitet und kommt zurück in seinen Behälter, damit er nicht austrocknet.

In Ausnahmefällen oder im Rahmen eines Projekts kann es natürlich möglich sein, dass die Kinder kleine Figuren oder ähnliches aufbewahren. Zu diesem Zweck muss der Ton nicht gebrannt, sondern kann an der Luft getrocknet werden. Der Umgang mit Ton als alltägliches Angebot kommt ohne Brennofen aus.

Das Material Ton hat viele Vorteile[101]: Es ist ein Naturprodukt, in verschiedenen Erdtönen erhältlich, lässt sich gut mit anderen Materialien kombinieren und schafft keine Hautprobleme, die bei selbstgemachter Knete oder Salzteig vorkommen. Fachgerecht gelagerten Ton können die Kinder selbstständig verarbeiten. Normale Knete hingegen ist oft so hart, dass Erwachsene Hilfestellung leisten müssen. Verglichen mit der ebenfalls leicht zu verarbeitenden und hautfreundlichen Bioknete, lassen sich Tonfiguren längere Zeit aufbewahren, auch wenn sie nicht gebrannt werden.

---

100 Wachstuchdecken sind im Vergleich dazu unpraktisch.

101 Ein Hinweis zu den Mengen: Ein Tonblock für die Krippe: 4 Kinder = 10 Kilogramm, für den Kindergarten: 2 Kinder = 10 Kilogramm, für Schulkinder: 1 Kind = 10 Kilogramm. 10 Kilogramm weißer, gelber oder brauner Ton kosten cirka 8,00 Euro.

Handhabbare Materialien

Die Handhabbarkeit des Materials halte ich für den wichtigsten Aspekt der Kreativitätsförderung in der Krippe. Handhabbar ist Material, mit dem kleine Kinder ohne Anleitung umgehen können. Dieses Kriterium erfüllen Kleister und Ton, flüssige Farben, besondere Stifte und viele Arten von Papier.

Mit flüssigen, ausdrucksstarken Farben können kleine Kinder gut sichtbare Spuren hinterlassen, entweder mit den Händen oder mit dicken Pinseln. Ungeeignet sind – entgegen der herrschenden Auffassung – normale Buntstifte und Wachsmalkreiden.

Normale Buntstifte hinterlassen kaum sichtbare Spuren, und Wachsmalkreiden erfordern zu hohen Kraftaufwand, um sich als Malwerkzeug für kleine Kinder

zu eignen. Auch dicke Buntstifte sind weniger geeignet als Aquarellmalkreiden, Kohle oder Graphitstifte, die sich ganz leicht vermalen lassen. Die Investition lohnt sich, da die Handhabbarkeit der Malwerkzeuge entscheidend für die Motivation kleiner Kinder ist. Sie brauchen Werkzeuge, mit denen sie kräftige und sichtbare Spuren hinterlassen können.

Auf die Frage, welchen Vorteil Bilder gegenüber anderen Medien für kleine Kinder besitzen, antwortet Widlöcher: »Die Sprache hat wohl eine viel größere praktische Wirksamkeit (wir können jemanden rufen, einen Befehl geben, um etwas bitten), aber die Schrift fasziniert das Kind durch ihren Charakter als Spur, als Indiz, das unsere Gegenwart verrät oder erkennen lässt, dass wir hier gewesen sind, wie der Fußabdruck, wie ein Gegenstand, der auf unsere Spur führt usw. Es handelt sich um ein Zeichen – ein Zeichen für uns selbst, ebenso wie für das dargestellte Objekt.«[102]

Zu den geeigneten Malwerkzeugen gehört der passende Maluntergrund. Kleine Kinder brauchen – entgegen der üblichen Praxis – große Formate, also mindestens DIN-A-3, besser größer, und dickes Papier, das ihren Experimenten standhält. Bewährt haben sich Malbretter, auf denen das Papier mit Tesakrepp befestigt wird. Diese Bretter bilden eine natürliche Begrenzung. Will ein Kind nicht mehr weitermalen, kann das Bild auf dem Brett in ein dafür vorgesehenes Trockenregal geschoben werden.

Gerade für junge Kinder ist es wichtig, dass sie sich die Position aussuchen können, in der sie malen möchten: im Stehen am Tisch oder an einer Staffelei, kniend oder hockend auf dem Boden. Im Sitzen zu malen, das ist für Krippenkinder eher unangenehm, vor allem, wenn sie nicht mit den Füßen auf den Boden kommen.

Papier als Gestaltungsmaterial

Als erstes Gestaltungsmaterial in der Krippe hat sich Papier bewährt. Es ist ungemein vielfältig und kostet nichts, wenn Sie es sammeln: alte Kataloge, Telefonbücher, Illustrierte, ausgediente Plakate, Tapetenreste, Papierrollen aus Druckereien, Wellpappe, Einwickelpapier, Pappkartons oder Papprollen. Die Kinder können das Papier reißen, knüllen, knittern, rollen, falten oder schnipseln und es anschließend rieseln lassen oder ein »Bad« darin nehmen. Mit den Katalogen können sie bauen und die Pappkartons in ihre Rollenspiele integrieren.

102 Widlöcher, D.: Was eine Kinderzeichnung verrät. Fischer Taschenbuch 1984, S. 51f.

Papier, bei dem Kinder aus dem Vollen schöpfen dürfen, ist folgerichtig auch ein Malgrund, mit dem sie von sich aus experimentieren. Die meisten teuren Papiere, insbesondere Tonkarton, sind zwar verzichtbar[103], aber zur Grundausstattung gehört starkes DIN-A-3-Papier, das den Experimenten der Kinder standhält.

Wenn gutes Papier zum Malen mit flüssigen Farben vorhanden ist, spricht nichts dagegen, dass auch ein Stapel Schmierpapier bereitliegt. Außerdem sollte eine kleine Sammlung außergewöhnlicher Papiere vorhanden sein, zu denen Transparentpapier oder weißes Seiden- und Krepppapier gehören kann.[104] Die Kinder werden ausprobieren, welche Farben zum Beispiel auf einem schwarzen Karton zu sehen sind und wie sich die Farben verändern, wenn das Papier gelb ist.

Nehmen sie nicht ihre Hände, brauchen kleine Kinder dicke Pinsel, um Spuren hinterlassen zu können. Am besten stellen Sie ihnen eine Auswahl verschiedener Stärken zur Verfügung.

Auf jeden Fall sollten die Pinsel strapazierfähig sein. Geeignet sind alle Arten von Borstenpinseln, runde, flache, kurze und etwas längere bis hin zum Backpinsel. Wenn Sie die Kinder zu experimentellem Vorgehen anregen wollen, fertigen Sie selbst Pinsel an.

Sammlungen von Naturmaterialien

Nicht unmittelbar zum Gestalten, aber für die Anregung ihrer Sinne können kleine Kinder auch anderes »Zeug« – hier ist kein Spielzeug gemeint – gebrauchen. Die Auswahl von Material begründend, stellt Petra Kathke fest, dass das Kind »beim Spüren unterschiedlicher Materialeigenschaften (...) zugleich sich selbst (spürt)«.[105] Sprödigkeit ruft andere Empfindungen hervor als Glätte, Trockenheit andere als Feuchtigkeit. Diese Eigenschaften weisen industriell gefertigte Dinge nicht auf, denn bei ihrer Herstellung werden Spuren stofflicher Eigentätigkeit als Fehler getilgt. Ein industriell gefertigter Gegenstand wirkt alterslos und uniform. »Die Ursache seines Aussehens ist fremdgestaltet, während ein natürlicher Gegenstand die Ursache seiner Form und seiner Oberfläche in sich hat.«[106] Dinge, die kleinen Kindern zur Verfügung stehen, sollten nicht nur zu oberflächlichem Tasten animieren, sondern den Wunsch hervorrufen, sie ganz zu erfassen, in ihren Farbnuancen, Formen und Eigenschaften.

In einer Hamburger Krippe finden sich seit vielen Jahren Sammlungen von Naturmaterialien an Orten und auf einer Höhe, die die Kinder jederzeit erreichen können. Immer wieder fragten Eltern, ob Kinder im Krippen-Alter schon mit solchen Dingen umgehen können. Nach meinem Eindruck sind gerade diese Materialien am interessantesten für sie – ob es sich um bizarre Baumwurzeln, seidig glatte Muscheln oder um gesprenkelte und schwach duftende kleine Kürbisse handelt. Die Kinder nehmen sie mit großer Intensität und manchmal geradezu hingebungsvoll wahr.

---

103 Tonkarton eignet sich in der Krippe nur als Passepartout, aber auch zu diesem Zweck würde ich neutralere Untergründe vorziehen.
104 Farbiges Seiden- und Krepppapier färbt sehr stark. In der Regel sind die Farben gesundheitsschädlich.
105 Kathke, P.: Sinn und Eigensinn des Materials. Band 1. Beltz Verlag 2001, S. 197
106 Kathke 2001, S. 199

Qualitätsmerkmale

Am besten trägt ein krippengerechter Sanitärraum der Körperbezogenheit von ersten Gestaltungsversuchen junger Kinder Rechnung.[107] Wenn der Sanitärraum ungeeignet ist, lassen sich die meisten Angebote auch im Gruppen- oder Nebenraum realisieren, allerdings nur mit erhöhtem Zeitaufwand.

Zur Grundausstattung des Mini-Ateliers im Gruppen- oder Nebenraum gehören

- eine verbreiterte Fensterbank in Stehhöhe der Kinder;
- ein Tisch, an dem die Kinder im Stehen arbeiten können;
- eventuell Hocker, aber keine Stühle;
- eine stabile Staffelei, an der zwei Kinder malen können;
- ein offenes Regal, 30 Zentimeter tief, auf dessen unteren Brettern die Materialien für die Kinder lagern;
- ein geschlossener Teil dieses Regals oder ein Schrank, in dem die Materialien für die Angebote der Erzieherin und Vorräte aufbewahrt werden;
- ein Gestell mit Malbrettern, das gleichzeitig zum Trocknen der Bilder dient;
- ein Wasseranschluss mit Becken, am besten mit Ablaufbrett neben dem Becken und Lattenrost unter dem Becken, auf jeden Fall in Erwachsenenhöhe[108] und mit einer herausziehbaren Stufe für die Kinder oder einem Tritt;
- Papier in verschiedenen Formaten, Stärken, Farben und Qualitäten;
- Borstenpinsel in verschiedenen Stärken: viele kurze, dicke Flach- und Rundpinsel, wenige mittlere und dünne Pinsel, keine teuren »Schulpinsel«, dafür einfache Backpinsel;
- angerührter Tapetenkleister;
- Farbpigmente;
- gebrauchte Gläser mit Schraubverschluss zum Aufbewahren der Farben;
- Ton;
- Malkittel, zum Beispiel alte Oberhemden mit kurzem Arm;
- dicke Malstifte und Behälter, in denen die Stifte farblich sortiert sind, sowie passende Spitzer;
- Aquarellmalkreiden, Graphit- und Kohlestifte;
- Gesammeltes: Steine, Muscheln, Stoffreste, Wollreste, Papierreste, Schachteln und Kartons;
- durchsichtige Behälter zum Aufbewahren des Gesammelten: zum Beispiel gebrauchte Gläser und Verpackungsmaterial aus Kunststoff;
- künstliche Beleuchtung durch einen abgependelten Beleuchtungskörper, der die Arbeitsflächen beleuchtet. Optimal sind Lampen, die sowohl nach unten als auch nach oben strahlen;
- eine große Pinnwand, an der die Werke der Kinder ausgestellt und ihre Aktivitäten dokumentiert werden können.

---

107 Siehe dazu auch Kapitel 5: Sanitärräume als Erlebnisräume
108 Das ist aus ergonomischen Gründen – um Ihren Rücken zu schonen – unbedingt notwendig. Siehe dazu auch das Kapitel über das Atelier in: von der Beek, A./Buck, M./Rufenach, A.: Kinderräume bilden. Beltz Verlag 2003

Den Körper erleben

Von allen unseren Sinnen entsteht der Tastsinn als erster.

Lise Eliot

Bei der Untersuchung von Hirnströmen Neugeborener wurde festgestellt, dass nur die taktilen und motorischen Regionen des Gehirns sehr aktiv waren. Reden wir von der bewussten Wahrnehmung Neugeborener, dann ist es also die Wahrnehmung von Körperkontakten, die der Säugling am intensivsten spürt. Das heißt jedoch nicht, dass der Tastsinn bei der Geburt schon ausgereift ist. Wir können beobachten, dass Säuglinge Dinge mit dem Mund am besten abtasten können. Ihre Berührungsempfindlichkeit entwickelt sich von oben nach unten: vom Mund über die Hände zu den Füßen. Erst mit 18 Monaten ist ein Kind in der Lage, Objekte, die nur geringfügig anders sind, voneinander zu unterscheiden. Mit dem Mund kann es das schon direkt nach der Geburt.

Pädagogisch ebenso interessant wie die Erkenntnisse der älteren Entwicklungspsychologie sind die Ergebnisse der jüngeren neurobiologischen Säuglingsforschung. Tasterfahrungen, so stellt Lise Eliot fest, spielen »eine erstaunlich mächtige Rolle bei der Gesamtqualität der Gehirnentwicklung«.[109]

Die neurobiologischen Erkenntnisse der letzten Jahrzehnte besagen, dass wir Erwachsene für unsere weitere Entwicklung ein Spektrum zur Verfügung haben, das sich früh gebildet hat und dessen Grenzen wir nicht überschreiten können. Unsere Erfahrungen in den ersten Jahren unseres Lebens legen die Bandbreite unserer Fähigkeiten fest. Im Falle unseres Tastsinns bestimmen also unsere frühen Berührungserfahrungen das Ausmaß der möglichen Tastempfindlichkeit.

Darüber hinaus entdeckten Neurobiologen, dass die Entwicklung des Tastsinns verhältnismäßig langsam vor sich geht. Einen präzisen Tastsinn haben Kinder in der Regel erst mit sechs Jahren entwickelt, weil Tasteindrücke am Anfang eher diffus bleiben, denn im Gehirn finden viele Überlappungen zwischen verschiedenen Körperregionen statt. »Die Landkarte hat verschwommene Grenzen.«[110]

In den siebziger Jahren begründete Bruno Bettelheim die Wichtigkeit guter physischer Pflege aus psychoanalytischer Sicht. »Früheste Erfahrung in Bezug auf die Körperpflege sind die Quelle unserer Beziehungen zu unserem Körper – ob er etwas Gutes ist, an dem man Freude hat, oder etwas Schlechtes, das man vernachlässigt. (...) Die Art und Weise, in der man uns als

---

109 Eliot, L.: Was geht da drinnen vor. Die Gehirnentwicklung in den ersten fünf Lebensjahren. Berlin Verlag 2001, S. 186
110 Eliot, S. 190

Kleinkind gehalten, gesäubert und gebadet hat, (...) bestimmt unsere späteren kinästhetischen Erfahrungen.«[111]

Die psychoanalytisch begründete Einsicht, dass allzu strenge Sauberkeitserziehung für die Persönlichkeitsentwicklung schädlich ist, führte dazu, dass seit den siebziger Jahren eine Reihe von Handlungen unterlassen wurde, die traditionell zur Sauberkeitserziehung gehörten, vor allem das frühe »Töpfen«.

Wenn man etwas lässt, das sehr stark in kulturellen Traditionen wurzelt, ist es wichtig, sich auf die theoretischen Begründungen für die »Unterlassung« zu stützen. Neben überwiegend psychoanalytischen Erkenntnissen, die in der Vergangenheit pädagogisch fruchtbar gemacht wurden, finde ich neurobiologische Forschungsergebnisse als sehr hilfreich für die Pädagogik in der Krippe. Vor dem Hintergrund dieses Wissens kann die Aufgabe der Erzieherin oder des Erziehers, zum Beispiel beim Wickeln, noch genauer bestimmt werden. Auch bei der Materialausstattung des ehemals langweiligen Sanitärraums beflügeln die neueren Forschungsergebnisse über die Rolle, die Tasterfahrungen für die Gehirnentwicklung spielen, die Fantasie.

Wenn wir das, was die Kinder von sich aus und gern tun, durch Raumgestaltung befördern wollen, dann ist es neben der Freude an Bewegung, neben dem Bedürfnis, gestalterisch Spuren zu hinterlassen, die Lust am eigenen Körper und am Experimentieren mit dem Element Wasser. Deshalb ist es nicht nur im Sinne der Kinder, sondern auch unter dem Gesichtspunkt pädagogischer Qualitätssicherung sinnvoll, den Sanitärbereich sorgfältig zu gestalten. Stimmen die Rahmenbedingungen, finden kleine Kinder alles Erforderliche für eine optimale Förderung ihrer Selbstbildungsprozesse vor.

Die Rolle der Erzieherin

Emmi Pikler hat darauf hingewiesen, dass das Wickeln in Institutionen wie der Krippe in der Regel die Situation ist, in der sich die Erzieherin am persönlichsten um ein Kind kümmert.

Beim Wickeln geht es nicht nur um das Säubern eines Kindes. Vielmehr können Sie sich dabei einen genaueren Eindruck von seiner körperlichen Befindlichkeit verschaffen. Sie haben die Gelegenheit, mit dem Kind zu sprechen, auf seine Reaktionen zu achten, sie in Worte zu fassen und, wenn irgend möglich, auf sie einzugehen. Ebenso wichtig wie das freundliche Sprechen ist die sanfte Berührung. »Wenn während der Pflege die Bewegungen der berührenden Hand nicht behutsam und einfühlsam, sondern gefühllos, gleichgültig, mechanisch, routiniert und eilig sind, fühlt das Kind statt Freude am körperlichen Kontakt dessen Unannehmlichkeiten.«[112] Nur wenn Sie das Kind einfühlsam anfassen, wird es bereit sein, mit Ihnen zu kooperieren. Diese freiwillige Zusammenarbeit ist nicht nur bedeutsam für die Beziehung zwischen Kind und Erwachsenem, sondern sie ist auch arbeitserleichternd.

Es kann also nicht darum gehen, sich mit der Pflege zu beeilen, um Zeit für die Erziehung oder Bildung des Kindes zu gewinnen. Einfühlsame Körperpflege ist ein wichtiger Teil der pädagogischen Arbeit von Erzieherinnen und Erziehern, wie die Kinderärztin Judith Falk, eine langjährige Mitarbeiterin Emmi Piklers, betont.

111 Bettelheim, B.: Der Weg aus dem Labyrinth. Leben lernen als Therapie. Deutsche Verlags-Anstalt Stuttgart 1975, S. 71

112 Falk, J.: Die Einheit von Pflege und Erziehung. In: Emmi Pikler u.a.: Miteinander vertraut werden. Arbor Verlag 1994, S. 52

Aufmerksam sein

Die ungeteilte Aufmerksamkeit, die ein Kind beim Wickeln oder der Körperpflege erfährt, trägt zum Aufbau und zur Festigung der gegenseitigen Beziehung bei. Zur Stärkung der Beziehung gehört ebenfalls, dass Sie keinen Druck auf das Kind ausüben, trocken zu werden, auch nicht, wenn die Eltern das von Ihnen verlangen.

Erfahrungsgemäß sind viele Eltern daran interessiert, ihr Kind möglichst schnell »sauber« zu kriegen; oder sie lassen sich von ihrer Umwelt unter Druck setzen. Statt dem nachzugeben, Ihrerseits Druck auf das Kind auszuüben und Ihre Beziehung zum Kind dadurch zu belasten, sollten Sie das Gespräch mit den Eltern suchen. Zu den ersten Informationen, die Eltern über die Krippe erhalten, sollte gehören: In Ihrer Einrichtung wird abgewartet, bis die Kinder die Toilette selbstständig aufsuchen. Einer solchen Verfahrenweise stimmen Eltern normalerweise zu, verhalten sich mitunter aber trotzdem anders, wenn ihnen die Sache zu lange dauert.

Aufgrund des Nachahmungseffekts ist gerade das »Sauberwerden« in der Krippe ein Problem, das sich in aller Regel ganz schnell von selbst erledigt. Das trifft vor allem auf die Kinder zu, die im Alter zwischen zwei und drei Jahren in die Einrichtung kommen.

Anders verhält es sich mit jüngeren Kindern. Da die Fähigkeit zur willentlichen Kontrolle der Blasen- und Darmschließmuskel sich erst um den zweiten Geburtstag herum zu entwickeln beginnt, sind die meisten Kinder unter zweieinhalb Jahren nicht reif für die Beherrschung des Ausscheidungsvorgangs.[113]

Wir müssen uns klarmachen, dass es sich um einen körperlichen Vorgang handelt, der beim Säugling »automatisch« abläuft. »Um eine Kontrolle über diesen unwillkürlichen Vorgang zu gewinnen, muss das Kind als erstes lernen, das Signal der Blasenfühler ›Blase ist voll‹ überhaupt wahrzunehmen und seine Bedeutung zu verstehen. Für ein Kind in Windeln ist das gar nicht so einfach. Es nimmt ja viele Sensationen aus seinem Körperinneren und auch aus dem Bereich zwischen Windeln und Haut wahr. Viele dieser Sensationen bleiben für das ganze Leben ohne Bedeutung. Ob das nun ein Kitzeln in der Nase ist, ob es sich um einen Juckreiz irgendwo handelt, um den Druck der Decke auf dem Körper. Zwischen all solchen Sensationen und dem Feucht- und Warmwerden in der Windel könnte es Zusammenhänge geben. Aber sie sind ebenso unklar wie die Verbindung zwischen dem kaum wahrnehmbaren Signal ›Blase voll‹ und der Blasenentleerung.«[114]

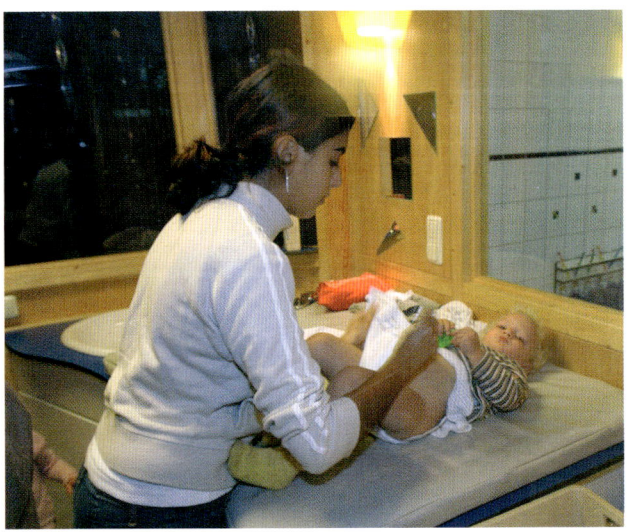

Um aus dem Gewirr von Körpersignalen zwei als zusammengehörig erkennen und daraufhin den Blasenmuskel kontrollieren zu können, muss das zentrale Nervensystem des Kindes also einen bestimmten Reifegrad erreicht haben. Gunhild Grimm und Inga Bodenburg schildern das sehr anschaulich: »Vergegenwärtigen wir uns einmal kurz, wie die Blasenentleerung beim Erwachsenen, der das nun kann, abläuft: Die Blase ist so voll, dass die Nervenfühler in der Blasenwand melden: Blase voll, Schließmuskel auf! Dieses Signal, das an eine Schaltstelle im Rückenmark geht, wird aber von einer eigens dafür eingerichteten Kontrollstelle in der Großhirnrinde aufgefangen. Und diese Kontrollstelle prüft nun, was mit dem gemeldeten ›Bedürfnis‹ zu machen ist. Während dieser Prüfung ist die Blasenentleerung auf jeden Fall durch vorbeugende Zusammenziehung des äußeren Blasenschließmuskels verhindert.

113 Zimmer, K.: Schritte ins Leben. Kösel Verlag 1991 (Leider vergriffen)
114 Grimm, G./Bodenburg, I.: So werden Kinder sauber. Rowohlt Taschenbuch 2000, S. 34

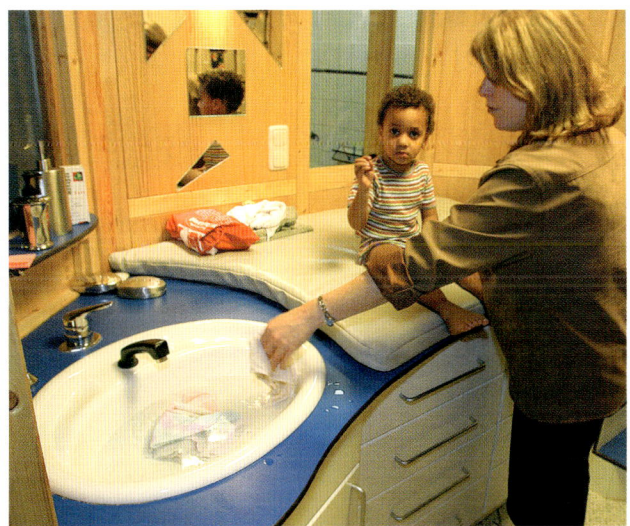

In aller Regel muss in unserer Kultur, bevor die Blase entleert wird, irgend etwas getan werden: Ein Gespräch oder eine Arbeit unterbrochen, das Klo aufgesucht, die Kleidung geöffnet werden... Das Hirn entscheidet nun, welches Verhaltensprogramm der Situation angemessen ist, und setzt es in Gang. Auch dies muss ein Kind zusätzlich lernen, bevor es endgültig als ›selbstständig‹ gelten kann.«[115]

Eine durchgängige Erfahrung in Krippen, in denen die Kinder im Sommer draußen »unten ohne« rumlaufen dürfen, ist die, dass zirka Zweieinhalbjährige in dieser Zeit trocken werden. Vermutlich deshalb, weil sie zunächst einmal sofort dem Entleerungsimpuls folgen und dann in ihrem eigenen Tempo üben können, ihre Blase immer länger zu kontrollieren. Sie werden also zu dem Zeitpunkt »trocken«, an dem sie körperlich und psychisch dazu in der Lage sind. Weil sie es als

ihre Leistung betrachten können, erleiden sie auch keine »Rückfälle«, wie es häufig bei Kindern zu beobachten ist, die sich durch ein »Training« gezwungen fühlten, sauber zu werden.

Auch ohne dass Eltern Probleme mit der Sauberkeitserziehung signalisieren, halte ich es für wünschenswert, über dieses Thema mit allen Eltern zu sprechen. Solch ein Gespräch dient zum einen dazu, die wichtigsten Informationen aus der Fachliteratur aufzubereiten und sie den Eltern weiterzugeben, die, häufig mit – teils obskurer – Ratgeberliteratur oder mit den Meinungen von Verwandten und Bekannten konfrontiert, erfahrungsgemäß großen Informationsbedarf haben. Zum anderen haben die Eltern die Möglichkeit, sich untereinander auszutauschen und bei dieser Gelegenheit interessante Unterschiede, aber auch beruhigende Gemeinsamkeiten festzustellen.

Auch wenn Sie erstmals Kinder unter drei Jahren betreuen, sollten Sie zu diesem Thema einen Elternabend anbieten, weil die Krippe nach meiner Erfahrung gerade hier viel zur Entspannung aller Beteiligten beitragen kann. Vorausgesetzt, Sie vertrauen auf den Willen der Kinder, »groß« zu werden, und bringen dies gegenüber den Eltern auch selbstbewusst zum Ausdruck. Sie können nämlich nicht nur mit »Theorie«, sondern auch mit Beispielen aufwarten, die ja meist am überzeugendsten sind. Darüber hinaus können Sie ein solches Gespräch nutzen, um über Ihre Erwartungen an die Eltern zu sprechen, zum Beispiel über die Unterstützung der Bemühungen der Kinder durch praktische Kleidung, die wiederum eine Arbeitserleichterung für Sie ist, denn Sie müssen die Kinder ja oft mehrmals am

---

115 Grimm/Bodenburg 2000, S. 36

Tag an- und ausziehen oder ihnen beim An- und Ausziehen helfen.

Ausländische Eltern repräsentieren in der Regel – genau
wie deutsche Eltern – das ganze Spektrum an Einstellungen gegenüber der Sauberkeitserziehung, denn innerhalb einer Kultur gibt es ähnlich große Unterschiede
wie zwischen verschiedenen Kulturen. Zum Beispiel
gehen afrikanische Eltern oft lockerer mit dem Thema
um als andere ausländische Eltern.

Zu den kulturellen Barrieren kommen häufig sprachliche Verständigungsschwierigkeiten. Eines der wenigen Hilfsmittel, das ich für diesen Fall kenne, ist ein
Elternbrief in türkischer Sprache, in dem das Thema
»Sauberkeitserziehung« zumindest am Rande behandelt wird.[116]

Wenn Sie erstmals Kinder unter drei Jahren betreuen,
stellt sich Ihnen das Thema Sauberkeitserziehung
unter Umständen schwieriger dar als es ist. Dass es
sich um kein wirklich kompliziertes Problem handelt,
müssen Sie im Alltag erst erfahren. Allerdings sollten
Sie darauf bestehen, dass die Rahmenbedingungen
stimmen. Gewährt Ihnen Ihr Träger schon nicht die
notwendige Verbesserung der Betreuer-Kind-Relation,
dann muss er zumindest dafür sorgen, dass die Raum-
ausstattung und die Materialien stimmen.

Weit über die Körperpflege hinaus geht das Angebot
an die Kinder, sie zu massieren. Eine Hamburger Krippenerzieherin, mit der ich als Fachberaterin zusammenarbeitete, machte das mit den Kindern ihrer Gruppe
regelmäßig. Zuerst verwendete sie immer einen Igelball

und später, wenn die Kinder sich ausgezogen hatten,
auch eine weiche Bürste. Dabei legte sie besonderen
Wert auf die gleichmäßige Berührung und die Benen-
nung aller Körperteile. Sie massierte sorgfältig sowohl
die vordere als auch die hintere Körperseite, die rechte
und die linke Körperhälfte. Am Ende konnten die Kinder
sich aussuchen, womit sie massiert werden wollten und
wo die Erzieherin sie noch einmal massieren sollte.

Eine indirekte Art des Massierens besteht darin, den
Kindern verschieden schwere – von 250 Gramm über
500 Gramm bis zu 1000 Gramm – Sandsäckchen auf
den Körper zu legen. Auch dabei achtete die Erzieherin
genau auf die Körpersignale der Kinder: Schließt ein
Kind entspannt die Augen? Oder kneift es sie zusammen? Hat es offene Hände? Dreht es sich weg? Die
Foto-Dokumentation dieser Angebote zeigte mir, wie
sehr die Kinder die intensive körperliche Zuwendung
ihrer Erzieherin genossen.

Eine Alternative zum körperbezogenen Dialog zwischen
der Erzieherin und einem Kind ist das Bohnenbad. In
diesem Fall massiert sich das Kind, wenn man so will,
selbst. Man kann zu diesem Zweck Plastik-Wannen aufstellen, die mit Naturmaterialien wie Bohnen, Linsen,
Reis, Kastanien, Korken oder kleinen Steinchen gefüllt
sind. Korken sind ganz leicht, Steinchen, zumindest in
der Masse, schwer. Kastanien sind hart und schimmeln
leider schnell. Reis rieselt wunderbar, Linsen rieseln
ebenfalls, sind allerdings leicht staubig.

Von all diesen Materialien, die in Hamburger Krippen ausprobiert wurden, gefällt mir das Bohnenbad
am besten. Deshalb empfehle ich Ihnen, eine Wanne
mit weißen, schwarzen oder roten Bohnen aufzu-
stellen.[117]

---

116 Türkisch-deutsche Elternbriefe: Brief Nr. 3. Hrsg. vom Arbeitskreis Neue Erziehung e.V., Boppstr. 10, 10967 Berlin, eMail: ane@ane.de
117 Siehe auch das Kapitel über variable Spiel- und Einrichtungsgegenstände auf S. 81

Die anderen Kinder

In einem funktionsgerechten Sanitärraum, in dem es angenehm warm ist und der einen Ablauf im Boden hat, können sich Kinder vom Krabbelalter an allein und in kleinen Gruppen betätigen. Neben dem Spiel an der Wasserrinne, die nach meinen Beobachtungen wie kaum ein anderes Medium dazu führt, dass auch junge Kinder zusammen spielen, sind Spiegel an allen möglichen Stellen im Waschraum geeignet, zu individuellen und gemeinsamen Aktivitäten herauszufordern.

Die Kinder probieren ihre Mimik und Gestik aus. Sie ahmen sich gegenseitig nach und vergleichen sich. Deshalb ist ein Spiegel über der Waschrinne unverzichtbar. Oft hängt er jedoch aus technischen Gründen – oder weil er nicht nass gespritzt werden soll – zu hoch. Wenn man ihn so befestigt, dass er sich nach vorn neigt, ist das Problem gelöst.[118]

In jedem Sanitärraum für Kinder unter drei Jahren sollte es einen möglichst großen Spiegel direkt über der Fußleiste geben, damit auch krabbelnde Kinder sich in ihm sehen, sich davor setzen und allein oder zu mehreren mit ihm Zwiesprache halten können.

Vor diesem Spiegel ist der ideale Platz, um sich einzucremen. Er kann natürlich auch an einer Wand der Dusche angebracht werden, die ja nicht immer mit Wasser gefüllt werden muss. Zwei oder drei Kinder nutzen dann nur das Becken der Dusche und können darin nach Herzenslust mit Creme oder Rasierschaum hantieren.

Nach meiner Beobachtung gehen die Kinder umso mehr aufeinander ein, je weniger sie sich auf der Pelle sitzen. Das ist ein wichtiges Argument dafür, dass das »Planschbecken« nicht nur aus einer kleinen Duschtasse bestehen sollte. Ist der Platz zum Planschen, Eincremen und Experimentieren groß genug, können die Kinder wählen, ob sie sich mit sich selbst oder miteinander beschäftigen. Meist wollen sie beides und gehen, wenn man ihnen Zeit lässt, ausgesprochen liebevoll aufeinander ein.

Spiegel sollten auch deswegen überall im Sanitärraum angebracht sein, weil sie nicht nur die Aufmerksamkeit der Kinder für den eigenen Körper, sondern auch das

---

118 Der dadurch entstehende keilförmige Hohlraum sollte durch Leisten geschlossen werden, damit die Kinder nicht dahinter greifen können.

Zusammenspiel mit anderen Kindern unterstützen. Sie sollten an mehreren Stellen – über der Waschrinne, an der Dusche oder beim Planschbecken, an einer freien Stelle an der Wand – und auch in Form von Spiegelkacheln angebracht werden. In Reggio habe ich sie sogar an den – übrigens ganz niedrigen – Toiletten gesehen. Das hat mich sofort überzeugt: Der Gang auf die Toilette ist für kleine Kinder lange Zeit interessant, und Spiegel an einer solchen Stelle deute ich als Signal der Erwachsenen an die Kinder, dass völlig in Ordnung ist, was auf dem Klo passiert, und sie sich ruhig Zeit lassen können.

Sanitärräume als Erlebnisräume

Nun stimmen Sie mir sicher zu, dass es eine unverständliche Verschwendung von Ressourcen wäre, wenn Sanitärräume nur der Körperpflege dienten. Aber auch das, was herkömmlicherweise zu diesem Zweck installiert wird, muss für Krippenkinder multifunktionaler sein. An den Waschbecken sollten sich die Kinder nicht nur Hände und Gesicht waschen und ihre Zähne putzen können, sondern sie sollten in ihrem Forschungsdrang unterstützt werden.

Waschrinnen

Selbstverständlich können Wasserspiele drinnen auch an den herkömmlichen Waschbecken stattfinden. Nach meinem Eindruck sind allerdings gerade in den letzten Jahren immer kleinere Waschbecken in Mode gekommen, die viel zu wenig Platz für Wasserspiele bieten. Deshalb empfehle ich Waschrinnen. Sie haben den Vorteil, dass mehrere Kinder zusammen spielen können,

aber auch genügend Platz vorhanden ist, um individuelle Aktivitäten zu entfalten. Darüber hinaus erleichtern sie es uns Erwachsenen, den Kindern zu erlauben, mit Wasser zu experimentieren, denn an den Waschrinnen setzen die Kinder nicht mehr zwangsläufig den gesamten

kennen. Deshalb sollten sich zum Beispiel Becher und Schaufeln unter den Materialien befinden, die für die Kinder in einem Korb bereit stehen, aber auch Geräte aus der Küche wie Trichter, Schöpflöffel, Schaumkellen oder Schneebesen. Ein paar Tropfen flüssiger Seife ins Wasser – schon können die Kinder mit dem Schneebesen in der Waschrinne Schaum schlagen und mit den Utensilien aus der Küche experimentieren: Was ist schwerer? Ein Becher voll Schaum? Oder ein Becher voll Wasser?

Wenn sich die Kinder ausziehen, können sie ungehemmter agieren. Schon damit sich der Arbeitsaufwand für Sie im Rahmen hält, sollte es die Regel geben, dass die Kinder an der Waschrinne spielen dürfen, wenn sie sich – bis auf die Unterhose – ausziehen.

Oft ist es im Sanitärraum kühl. Dann muss dafür gesorgt werden, dass Fenster und Türen geschlossen sind und die Heizung angestellt ist. Eine Gummimatte[119] schützt die Kinder vor dem kalten Fußboden, und zum Schluss stehen Sie mit großen Badehandtüchern bereit, um die Kinder abzutrocknen.

Der Aufwand, zwei oder drei kleine Waschbecken durch eine Waschrinne zu ersetzen, lohnt sich.[120] Es gibt kaum eine Aktivität, die kleine Kinder mit mehr Ausdauer und Konzentration verfolgen, als das Experimentieren mit Wasser. Wenn Sie mit kleinen Kindern zu tun haben, wissen Sie, dass jede sich bietende Gelegenheit genutzt wird, um an Wasserhähnen zu hantieren und das Phänomen »Wasser« an allen möglichen passenden und unpassenden Orten zu untersuchen.

Sanitärraum unter Wasser. Wenn es doch zu Überschwemmungen kommt, ist ein Ablauf im Boden hilfreich. Ein großer Schieber, mit dem man das Wasser in den Ablauf befördert, sorgt dafür, dass aus einem ungemein zeitaufwendigen, kräfteverschleißenden Angebot ein alltägliches Ereignis für die Kinder wird, das allen Beteiligten Vergnügen bereitet.

Ich habe beobachtet, dass kleine Kinder bei den ersten Spielen mit Wasser in der Waschrinne sehr vorsichtig sind. Zuerst probieren sie die Gegenstände aus, die sie

119 Anregend für die Fußsohlen der Kinder sind Holzstabmatten, die außerdem eine angenehme Atmosphäre verbreiten.
120 Wenn Platz und die sanitären Anschlüsse vorhanden sind, kann man die Waschrinne zusätzlich einbauen.

Ein wunderbares Beispiel für die Unerschöpflichkeit des Themas Wasser ist die Waschrinne aus Kunststein (Corian) in einer Hamburger Krippe, die auf Anregung von Matthias Buck mit Wasserhähnen ohne Durchflussbegrenzer ausgestattet wurde. Da das Wasser nicht mit Luftblasen versetzt wird, fühlt es sich an, als ob es aus einer Quelle kommen würde.

Handtücher

In den meisten Sanitärräumen hängen – auch für Krippenkinder – bis zu 25 Handtücher in Reih und Glied und nehmen enorm viel Platz an der Wand ein. Bis heute wird diese hygienische Tradition aufrecht erhalten, meist mit der Begründung, dass dadurch Ansteckungen vermieden werden. Wer den Alltag mit Krippenkindern kennt, weiß, dass dieses Risiko beim beliebten Austausch von Spielzeug ebenso besteht, weil kleine Kinder die Dinge oft in den Mund nehmen, um sie zu erkunden. Trotzdem würde niemand auf die Idee kommen, mit Argusaugen darüber zu wachen, dass solche wichtigen Interaktionen aus hygienischen Gründen unterbleiben.

Die Einsicht, dass es im Krippenalltag keine Möglichkeit gibt, für klinisch saubere Verhältnisse zu sorgen, und dass das in einer pädagogischen Institution – im Gegensatz zum Krankenhaus – auch gar nicht nötig ist, war in den Hamburger Krippen-Teams, mit denen ich zusammenarbeitete, Anlass, über die Frage nachzudenken, ob wirklich jedes Kind sein eigenes Handtuch braucht. Ausgangspunkt war die Beobachtung einiger Erzieherinnen, dass Krippenkinder nur schwer oder gar nicht dazu zu bringen sind, tatsächlich jedes Mal ausschließlich ihr Handtuch zu benutzen.

Stellen wir den Kindern eine Waschrinne als Spielmöglichkeit zur Verfügung, geschieht das erstens, weil wir die Kinder beobachtet haben, zweitens, weil sie sich dort selbstständig betätigen können, drittens ermöglichen wir ihnen Erfahrungen über ihr größtes Sinnesorgan, die Haut, und viertens können sie sich mit dem Einfüllen, Umfüllen und Ausleeren beschäftigen, also physikalisches Grundwissen sammeln.

Werden hygienische Maßnahmen nicht konsequent durchgeführt, sind sie zwecklos. Nur in den Fällen, in denen ein Kind eine ansteckende Krankheit hat, von der Sie wissen, und sich trotzdem in der Kita aufhält, ist es sinnvoll, Hygienemaßnahmen konsequent zu verfolgen.

Im Normalfall hat sich folgende Vorgehensweise bewährt: Es werden, je nach Anzahl der Kinder, ein, zwei

oder drei normale Handtücher aufgehängt, die mindestens einmal am Tag, vielleicht auch mehrmals, gewechselt werden. Dabei fällt nicht wesentlich mehr Wäsche an als bei 25 kleinen Handtüchern, die sicherlich zumindest einmal in der Woche gewaschen werden.

Der Abschied von der Handtuch-Batterie hat zwei Vorteile: Erstens gewinnen Sie viel Platz an der Wand und können zum Beispiel Spiegel anbringen. Zweitens verliert der Raum seinen »Anstaltscharakter«, den er unweigerlich trägt, wenn lauter identische Handtücher in einer langen Reihe hängen.

Planschgelegenheiten

Zur traditionellen Grundausstattung eines Sanitärbereichs für Kinder unter drei Jahren gehört die Säuglingsbadewanne. Gut bekannt in vielen Einrichtungen der neuen Bundesländer und in wenigen großen Städten der alten Bundesländer wie Berlin (West) und Hamburg, in denen es schon lange Krippen gibt.

In Säuglingsbadewannen wurden die Kinder früher regelmäßig gereinigt. Diese »Reinigungsrituale« gibt es heute meines Wissens nach nicht mehr. Manchmal sind kleine Badewannen oder Duschtassen noch vorhanden und stehen auf hohen, gemauerten Sockeln, um die Rücken der Erzieherinnen zu schonen.

Da es heute in den Einrichtungen für Kinder unter drei Jahren nur wenige Säuglinge gibt, die keinesfalls routinemäßig gebadet werden müssen, sind solche Vorrichtungen überflüssig. Sie sollten auf keinen Fall neu eingebaut und dort, wo sie noch vorhanden sind, abgebaut werden, weil sie sich nicht zu Planschgelegenheiten umfunktionieren lassen.

Wenn irgend möglich, sollte jede Krippe über eine Planschgelegenheit verfügen. Das kann eine ganz normale Dusche sein. Der Freude der Kinder am Element Wasser, aus dem sie kommen, würde aber sehr viel mehr Rechnung getragen, wenn sie eine »richtige« Gelegenheit zum Planschen bekämen. Dann wäre es für Sie auch viel unkomplizierter, die Kinder mit Rasierschaum oder Kleisterfarben experimentieren zu lassen.

Den Kindern wäre es sicherlich auch recht, wenn eine Wanne aufgestellt oder ein Becken aufgeblasen würde. Im Alltag macht es jedoch einen großen Unterschied, ob Sie den Raum jedes Mal herrichten müssen oder ob die Planschgelegenheit vorhanden ist. Doch selbst in diesem Fall bleibt das Angebot arbeitsintensiv. Weil das so ist, sollte Geld in die nötigen baulichen Maßnahmen investiert werden. Ein Träger, der die Interessen von Erzieherinnen berücksichtigt, verschafft ihnen die Möglichkeit, die Bedürfnisse von Kindern erheblich leichter und besser zu befriedigen.

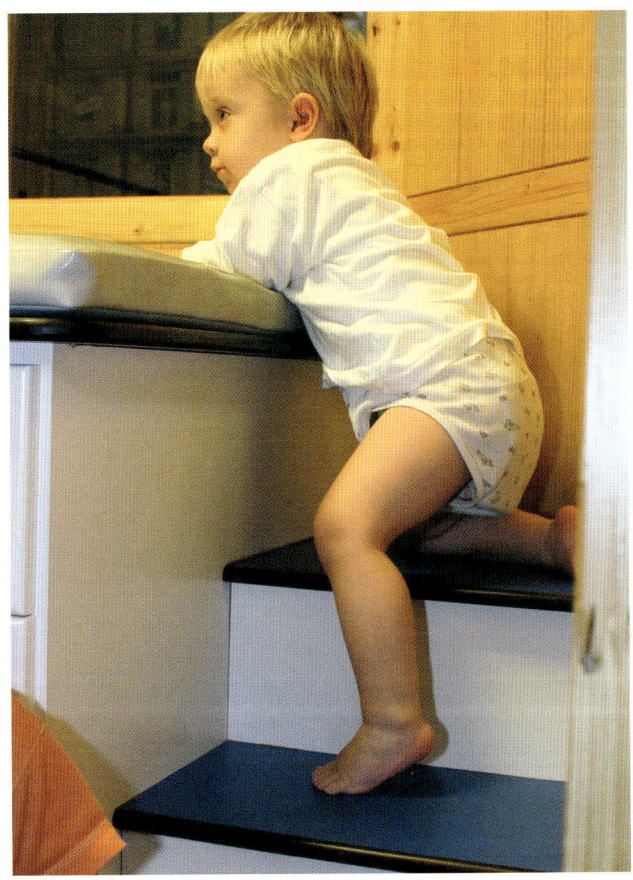

Wickelplätze

Diese Argumentation gilt ganz besonders für den Platz zum Wickeln. Weil Kinder die individuelle Zuwendung ihrer Erzieherin beim Wickeln unbedingt brauchen, muss der Wickelplatz so gestaltet sein, dass dieser Vorgang nicht schnell und routinemäßig »abgewickelt« wird. Wird Ihnen die anstrengende Tätigkeit des Wickelns erleichtert, sind Sie auch in der Lage, eine für das Kind angenehme Situation herzustellen.

Der Wickeltisch sollte also groß und vor allem tief genug sein, damit auch größere Kinder bequem und unverkrampft auf ihm liegen können. Unverzichtbar ist ein Waschbecken direkt neben dem oder integriert in den Wickeltisch, denn ein Spagat zwischen Wickeltisch und Wasserstelle ist Ihnen nicht zuzumuten.

Schließlich muss jeder Wickeltisch mit einer Treppe versehen werden, damit Ihnen das rückenverschleißende Heben erspart bleibt, wo es möglich ist. Außerdem ist es für die Kinder wichtig, selbstständig auf den Wickeltisch zu gelangen.

Eine Wickelkommode mit herausziehbaren Schubladen oder offenen Fächern für Windeln und Wechselwäsche in Griffweite sind weitere Arbeitserleichterungen für Sie.[121]

Da die Kinder beim Wickeln auf dem Rücken liegen und nach oben schauen, sollte blendfreies Licht über der Wickelfläche angebracht werden. Aus der Reggio-Pädagogik stammt die Idee, Spiegel über dem Wickeltisch aufzuhängen. Sich beim Wickeln im Spiegel zu betrachten, das fasziniert die Kinder und macht die Arbeit auch für Sie vergnüglicher.

Werden Kinder unter drei Jahren in bestehende Kindergarten-Gruppen aufgenommen, darf das Wickeln – es sei denn, die Übergangszeit ist ganz kurz – nicht improvisiert werden. Unakzeptabel sind Wickeltische in Durchgängen oder kleinen, unbelüftbaren Kammern, aber auch im Gruppenraum. Das wäre so, als würde man das WC für die älteren Kinder im Gruppenraum installieren.

Die von Emmi Pikler geforderte »Einheit von Pflege und Erziehung«, die erforderliche Intimität, hygienische Gründe und nicht zuletzt das Vermeiden von Geruchsbelästigungen im Gruppenraum machen es notwendig, dass der Wickeltisch in einem Sanitärraum steht, der auf die spezifischen Bedürfnisse von Krippenkindern zugeschnitten ist. Werden nur hin und wieder Kinder unter drei Jahren aufgenommen, sollte ein »Spar-Modell« folgende Kriterien erfüllen: Die Arbeitsplatte sollte neben dem Waschbecken und möglichst in einer Ecke des Sanitärraums angebracht werden, um die Tiefe der Diagonale zu nutzen. Sie sollte mit einer mobilen Treppe versehen sein, die durch eine Schublade unter der Arbeitsplatte geführt und auf Rollen vor- und zurückgeschoben werden kann.

Kleinkindgerechte Toiletten

Ein Kind, auf das kein Druck ausgeübt wird, beginnt in der Regel erst mit ungefähr zweieinhalb Jahren, auf die Toilette zu gehen. Der Prozess, in dem das Kind lernt, seinen Blasenschließmuskel zu beherrschen, ist ein komplizierter Vorgang, den es jedoch ohne Probleme bewältigt, wenn seine eigene Aktivität, insbesondere

---

121 Bezugsquelle von ergonomischen Wickeltischen siehe S. 172

sein Nachahmungsbedürfnis, unterstützt wird. Das ist in einer Krippen- oder altersgemischten Kindergartengruppe der Fall, denn jüngere lernen von älteren Kindern sehr viel schneller als von ihren Eltern, auf die Toilette zu gehen. Wenn die WCs so niedrig sind, dass die Kinder sich ohne Hilfe draufsetzen können, also 26 Zentimeter hoch, funktioniert das besonders gut.

Kleinkindgerechte Toiletten sind nicht nur für die Kinder angenehm, sondern sie erleichtern auch Ihnen die Arbeit. Viele Kinder würden gern allein aufs Klo gehen. Aber weil die Toiletten zu hoch sind, brauchen sie Begleitung.

Sicherlich können Sie sich das sinnliche Vergnügen vorstellen, das Kinder in Sanitärräumen empfinden, die auf ihre Bedürfnisse zugeschnitten sind. Ganz davon abgesehen, dass diese Räume auch noch als Mini-Ateliers genutzt werden können.

Es ist also der Mühe wert, sich für einen krippengerechten Sanitärraum einzusetzen. In vielen Fällen kann man die angeführten Gesichtspunkte bei Umbauten berücksichtigen. Und kein Träger kann auf Dauer rechtfertigen, Kinder unter drei Jahren aufzunehmen, ohne den Sanitärbereich entwicklungsgerecht auszustatten.

Wird Geld ausgegeben, dann möglichst für die richtigen Sachen. Wenn Sie wissen, was Sie wollen und das begründen können, werden Sie feststellen, dass manche der Vorschläge auch nicht teurer sind als die herkömmlichen Ausstattungen. Allenfalls sind sie schwerer zu besorgen.

Andere Anschaffungen sind teurer, aber wenn man berücksichtigt, welchen enormen pädagogischen Nutzen sie haben, lässt sich die Mehrausgabe rechtfertigen. Ich erlebe immer wieder, dass zwar mit dem

erklärten Ziel gebaut, angebaut oder umgebaut wird, kindgerechte Sanitärräume einzurichten, doch diese Räume erfüllen die Bedürfnisse von Kindern nicht und bringen auch den Erzieherinnen keinerlei Arbeitserleichterungen. Grund: Die Verantwortlichen hatten sich vorher nicht genügend informiert.

Qualitätsmerkmale

Sanitärräume für Krippenkinder müssen multifunktional genutzt werden können. Sie dürfen deshalb nicht wie Räume zweiter Klasse behandelt und ins Innere des Gebäudes gelegt werden.

Licht
Wie alle anderen Räume für Kinder sollten sie Tageslicht – also Fenster, nicht nur Lichtbänder – und keine künstliche Belüftung haben. Lässt künstliches Licht sich nicht vermeiden, sollte es zumindest nicht grell sein, sondern Tageslichtqualität haben.

Temperatur
Die Raumtemperatur muss es gestatten, dass sich die Kinder im Sanitärraum leicht bekleidet aufhalten können. Sie sollte 22 Grad betragen. Eine einfache Fußbodenheizung, in Form eines Rücklaufs, der schlangenförmig im Boden verlegt wird, ist kein Luxus, sondern eine Investition an besonders lohnender Stelle.

Akustik
Der Kacheln und der Bodenfliesen wegen sind Sanitärräume laut und müssen deshalb unbedingt mit Schallschutzdecken ausgestattet werden. Außerdem sollte nur bis zu einer mittleren Höhe gekachelt werden und nur dort, wo es unbedingt nötig ist. Das verbessert nicht nur die akustische Atmosphäre, sondern ist auch kostengünstiger.

Der Krippensanitärraum
Der Raum sollte vom Gruppen- oder Nebenraum aus zugänglich und baulich durch eine Wand mit Sichtfenster oder eine Tür mit Glasausschnitt, eventuell auch eine Glaswand mit Tür getrennt sein.

Raumbedarf
15 Quadratmeter

Ausstattung
* ein Wickeltisch unter dem Sichtfenster mit fester Treppe und integriertem Waschbecken mit Warm- und Kaltwasseranschluss;
* eine Dusche mit großer Duschtasse zum Planschen;
* eine in einer Höhe von 53 Zentimetern angebrachte Waschrinne[122] mit Einhandmischbatterien, Warm- und Kaltwasseranschluss, Überlaufvorrichtung und Spiegel;
* zwei kleine WC-Becken[123] mit Brillen, Höhe: 26 Zentimeter, vom Raum durch eine halbhohe Wand ohne Tür getrennt;
* ausreichend Wandfläche für Borde;
* blendfreies Licht über dem Wickeltisch und Platz für einen Tisch zum Experimentieren mit Kleister, Ton und flüssigen Farben.

Jeder Sanitärraum braucht einen Ablauf im Boden, damit die Kinder ohne unnötige Einschränkungen mit Wasser experimentieren können. Mein Tipp: Die Zusammenlegung zweier Sanitärräume ermöglicht eine großzügige Einheit, in der ein Planschbereich Platz finden kann, der den Kindern vielfältige Sinneserfahrungen bietet.

---

122 Bezugsquelle für Waschrinnen siehe S. 172
123 Bezugsquelle für kleine WCs siehe S. 172

Essen und Genießen

»Sicherlich haben Sie bestimmte Vorstellungen von ›gesunder‹ oder ›vollwertiger‹ Ernährung. Aber setzen Sie sie auch in die Tat um? Halten Sie zum Beispiel Pommes mit Currywurst oder Gummibärchen oder Cola oder Fleisch vom Holzkohlegrill für ›gesund‹? Kennen Sie vernünftige und sympathische Erwachsene – Sie selbst eingeschlossen – die diese Sachen trotzdem essen oder trinken? Warum nur?

Die Antwort ist einfach: Bei der Auswahl unserer Nahrungsmittel lassen wir uns nicht unbedingt von der Frage ›Was halte ich für gesund?‹ leiten. Was wir aussuchen, hat auch mit Genuss, mit unserer Stimmung, unseren speziellen Gelüsten und Vorlieben zu tun. Außerdem hängt es davon ab, wie viel Geld und Zeit wir für unsere Mahlzeiten aufwenden können. Und nicht zuletzt spielt eine Rolle, ob wir gern und gut (gehört meistens zusammen) kochen oder ob wir uns eher damit abquälen.«[124]

Die Fähigkeit zu genießen ist uns angeboren. Sie steht beim kleinen Kind in einem unmittelbaren Zusammenhang mit dem Gefühl von Sättigung: Ein satter Säugling ist ein zufriedener Säugling.

Da die Nahrungsaufnahme jedoch von Geburt an ein biologischer und ein sozialer Prozess ist, bestimmt die Beziehung zwischen dem Kind und der Person, die es ernährt, die Qualität dieses Vorgangs. Keine Sorgen haben Eltern, die auf die angeborene Fähigkeit des Kindes vertrauen, seine Nahrungsaufnahme selbst zu steuern. Doch Erwachsene, die die Fähigkeit von Kindern bezweifeln, das für sie richtige Essen in der richtigen Menge auszuwählen, stehen vor mehr oder weniger großen Problemen.

Ernährungsexperten, Kinderärzte und Psychologen sind sich heute darin einig, dass die Weichen für Ernährungsprobleme in unserer Gesellschaft früh gestellt werden. Sie haben das mangelnde Vertrauen Erwachsener in die Fähigkeit der Kinder zur Selbstregulation als wichtigste Ursache der Probleme ausgemacht. In ihrem Elternratgeber »Jedes Kind kann richtig essen« stellen die Psychologin Annette Kast-Zahn und der Kinderarzt Hartmut Morgenroth deshalb folgende Spielregel auf: »Ich entscheide, was wann wie auf den Tisch kommt. Du entscheidest, ob und wie viel du davon isst.«

> Für die institutionelle Betreuung von Kindern unter drei Jahren heißt das: Die Krippe bietet den Kindern ausgewogenes und abwechslungsreiches Essen an. Sie legt die Essenszeiten fest – mit Ausnahme der Säuglinge, die nach Bedarf gefüttert werden.

124 Kast-Zahn, A./Morgenroth, H.: Jedes Kind kann richtig essen. Verlag Oberstebrink 2004, S. 48

Die Erzieherinnen sorgen für gute Rahmenbedingungen. Das heißt: für die einladende Präsentation des Essens, für den komplett gedeckten Tisch – eventuell mit freiwilliger Hilfe von Kindern – und für eine ruhige Atmosphäre. Mehr können und sollten Sie auf keinen Fall tun.

Die Rolle der Erzieherin

In vielen Kitas besteht man immer noch darauf, dass die Kinder wenigstens »probieren«. Darin drückt sich zum einen fehlendes Vertrauen in die Kinder aus. Zum anderen beruhigen Erzieherinnen dadurch ihr schlechtes Gewissen. Sie halten es für ihre Aufgabe, dafür zu sorgen, dass ein Kind isst, und begnügen sich nicht damit, zu prüfen, ob sie die nötigen Rahmenbedingungen dafür geschaffen haben. Vielleicht fehlt manchen Erzieherinnen auch die Geduld, in Ruhe abzuwarten, wie sich das Essverhalten eines Kindes entwickelt.

Anbieten, nicht aufdrängen

Gerade beim Essen können Sie für die Kinder in der Krippe eine besonders positive Rolle spielen. Bei Kindern, die gern essen, müssen Sie nur für gute Rahmenbedingungen sorgen. »Schlechte« Esser sollten Sie sorgfältig beobachten. Häufig halten sich Kinder zurück, bis sie sich eingewöhnt haben. Danach haben sie spürbare Freude am Essen.

Manchmal kündigt Appetitlosigkeit aber auch eine Krankheit an. Oder die Kinder sind von zu Hause anderes Essen gewöhnt. Vor allem bei Kindern mit einem anderen kulturellen Hintergrund weichen die Art der Lebensmittel und deren Zubereitung oft erheblich von

dem ab, was den Kindern in der Krippe angeboten wird. Und nicht zuletzt kann »Essen« zwischen Kind und Eltern ein so konfliktreiches Thema sein, dass es in die Krippe hineingetragen wird. Ein solches Kind muss in der Krippe natürlich erst einmal die Erfahrung machen, dass es essen darf und nicht muss.

An dieser Stelle möchte ich einen Grund für fehlende Begeisterung von Kindern beim Essen nicht unerwähnt lassen: die mangelnde sinnesanregende Qualität des Essens.

In den neuen Bundesländern sind die Kita-Küchen, in denen das Essen frisch gekocht wurde, nach der

Neben wichtigen gesundheitlichen und ökologischen Aspekten ist es vor allem der Verlust sinnlicher Eindrücke, der es Kindern und Erwachsenen erschwert, alle Facetten des Essens zu genießen, wenn in der Kita nicht gekocht wird. Dabei sollten die Kinder schon am Geruch, der das Haus durchzieht, erkennen können, was es zu essen gibt. Bei einem Besuch in der Küche sollten sie sehen, hören und riechen können, wie Nahrung zubereitet wird. Eine Küche, in der täglich frisch gekocht wird, ist der »Bauch« der Einrichtung[125], sagen die Reggianer. Dieses Zentrum ist nicht zu ersetzen.

Wende fast überall geschlossen worden. Stattdessen wird industriell verarbeitete Fertignahrung aufgewärmt oder in Großküchen zubereitetes, warmgehaltenes Essen angeliefert. Diejenigen, die davon profitieren, sind die Firmen, die das Essen liefern – jedenfalls nicht die Kinder und auch nicht die Erzieherinnen.

125 In der Stadt Reggio Emilia hat jede der 32 Krippen und Kindertagesstätten eine eigene Küche, in der eine Köchin täglich für bis zu 90 Kinder kocht.

In den alten Bundesländern hat, so viel ich weiß, nur in Hamburg jede kommunale Kita eine Küche. Doch auch hier muss schon seit Jahrzehnten jeweils die Hälfte der Mahlzeit aus Fertigprodukten bestehen, da die personelle Ausstattung nichts Anderes zulässt. Dennoch erlebte ich in den Hamburger Kitas, dass nur die eigene Küche es gestattet, flexibel auf individuelle Bedürfnisse von Kindern, auf Veränderungen im Tagesablauf oder auf besondere Aktivitäten wie Feste eingehen zu können.

Kinder haben die biologische Grundausstattung, die es ihnen von Geburt an ermöglicht, Nahrung aufzunehmen, zu verarbeiten und zwischen Hunger und Sättigung zu unterscheiden. Darauf tatsächlich zu vertrauen, das ist für viele Erwachsene nicht einfach. Trotzdem sind Lebensmittel keine »Erziehungsmittel«. Unsere Aufgabe besteht darin, Kindern ein abwechslungsreiches Angebot an Nahrungsmitteln zur Verfügung zu stellen. Daraus folgt, dass Lebensmittel weder zur Belohnung noch zur Bestrafung genutzt werden.

Gegen Aufbereitungs-Nahrung oder Fertiggerichte in der Kita hilft nur ein »Aufstand« der Erwachsenen für das Recht der Kinder auf täglich in der Einrichtung frisch zubereitete Mahlzeiten. In allen anderen Fällen brauchen Sie Gelassenheit, denn es gibt keine andere Möglichkeit, den Kindern die Freude am Essen zu vermitteln, als ihnen die Nahrung anzubieten, sie aber nicht aufzudrängen.

Ein Dauerbrenner ist die Frage nach dem Nachtisch. Soll ein Kind Nachtisch bekommen, wenn es das Hauptgericht nicht angerührt hat? Wollen Sie das Kind nicht

mit dem Entzug von Lebensmitteln bestrafen, ist die Antwort: Ja!

Es ist unsere Aufgabe, dafür zu sorgen, dass das Nahrungsmittelangebot insgesamt ausgewogen ist. Tun wir das, dürfte es kein Problem sein, wenn ein Kind gelegentlich einen Teil der Mahlzeit verschmäht. Viele Erwachsene reagieren allerdings mit Unverständnis, manchmal sogar mit Aggression darauf, dass ein Kind

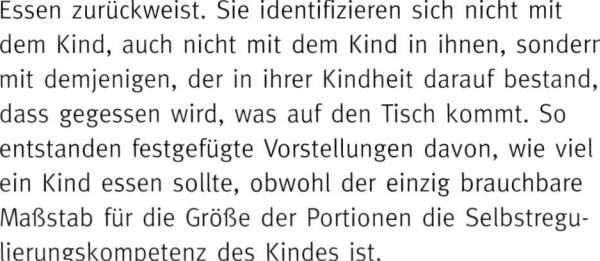

Essen zurückweist. Sie identifizieren sich nicht mit dem Kind, auch nicht mit dem Kind in ihnen, sondern mit demjenigen, der in ihrer Kindheit darauf bestand, dass gegessen wird, was auf den Tisch kommt. So entstanden festgefügte Vorstellungen davon, wie viel ein Kind essen sollte, obwohl der einzig brauchbare Maßstab für die Größe der Portionen die Selbstregulierungskompetenz des Kindes ist.

Ebenso problematisch ist die Auffassung, dass Kinder das essen sollen, was sie sich auf den Teller gefüllt haben. Um unfruchtbare Grundsatzdiskussionen zu vermeiden, empfehle ich Ihnen, sich anzuschauen, wie groß die Teller der Kinder und das Auffüllbesteck sind. Haben sie die für Erwachsene üblichen Größen, sind sie ungeeignet für Krippenkinder. Kleine Kinder sollten kleine Teller und Löffel zum Auffüllen haben, mit denen sie sich keine riesigen Portionen auf die Teller schaufeln können.

Damit spreche ich zwei Aspekte an: Zum einen halte ich es für selbstverständlich, dass sich auch Krippenkinder selbst bedienen dürfen, sobald sie den Wunsch danach äußern. Zum anderen liegt es auf der Hand, dass sie diese Selbstbedienung erst lernen müssen.

Bei kleinen Kindern überwiegen zunächst die Freude am Tun, also dem Auffüllen, und der Stolz darauf, es geschafft zu haben. Erst danach wird wichtig, wie groß die Portionen sind und in welchem Verhältnis sie zum Appetit stehen. Um das Selbstständigkeitsbestreben der Kinder zu unterstützen, sollte es genügend kleine Schüsseln und kleine Kellen auf dem Tisch geben, mit deren Hilfe sich die Kinder das Essen auf die Teller füllen können. Nach meinen Beobachtungen lernen die Kinder das sehr schnell.

Dazu steht nicht im Widerspruch, kleine Kinder mit den Fingern essen zu lassen. Mit ihren Fingern sind sie am geschicktesten. Wenn sie in der Lage sind, am Tisch zu sitzen, beherrschen sie auch die Koordination von Auge beziehungsweise Mund und Hand. Mit einem Löffel ist das sehr viel schwieriger. Dabei handelt es sich nämlich um ein Werkzeug, dessen Gebrauch mehr Geschicklichkeit erfordert als die Nutzung der eigenen Hand.

In den Hamburger Krippen, mit denen ich zusammenarbeitete, wurde Folgendes erfolgreich ausprobiert: Die Kinder dürfen mit den Händen essen. Neben ihren Tellern liegen sowohl Löffel als auch Gabeln, bei Bedarf selbst Messer, und die Kinder entscheiden, wann sie die Bestecke benutzen. Diese Wahlfreiheit führt dazu, dass die Kinder sehr viel eher »manierlich« essen als viele ihrer Altersgenossen, deren Erzieherinnen zu früh versuchten, ihnen Manieren beizubringen.

Kinder, die sitzen können, haben ihre Hände frei und üben unermüdlich, Dinge zu greifen, sie loszulassen, kurz: ihre Hände zielgerichtet einzusetzen. Deshalb können sie in der Regel mit einem Jahr zwar ohne Werkzeuge, aber mit ihren Händen selbstständig essen.

In der Krippe müssen nur Säuglinge gefüttert werden. Bei allen anderen Kindern sind es die Rahmenbedingungen, die stimmen müssen, damit sie selbst essen können.

Neben den angesprochenen Faktoren und der Raumgestaltung, auf die ich weiter unten eingehe, ist es nach meiner Erfahrung ganz wichtig, dass die Erzieherin nicht mit den Kindern am Tisch isst, sondern sie beim Essen begleitet. Ist ein Säugling in der Gruppe, sollten Sie ihn vor oder nach der allgemeinen Essenszeit füttern, da er Ihre ganze Aufmerksamkeit beansprucht.

Ich finde es ohnehin problematisch, mit vielen kleinen Kindern gemeinsam zu essen. Man kann das Essen in der Krippe nicht mit dem in der Familie vergleichen: Keine Familie hat zehn oder gar mehr Kinder im ungefähr gleichen Alter.

Auch der Hinweis auf die Vorbildfunktion der Erwachsenen überzeugt mich nicht. Ich sehe vielmehr die – überflüssige – Belastung der Erwachsenen, die nicht in Ruhe essen können, wenn sie den Kindern gerecht werden wollen. Zwangsläufig muss eine Erzieherin die Kinder vernachlässigen, wenn sie sich auf ihre eigene Nahrungsaufnahme konzentriert.

Kinder von null bis drei Jahren brauchen beides: die Unterstützung ihrer Selbstständigkeitsbestrebungen und Hilfe, wenn sie selbst nicht weiterkommen. Dies kann eine Erzieherin nur leisten, wenn sie sich auf die Kinder konzentrieren kann.

scheidet, sollten immer dann etwas zu essen bekommen, wenn sie zum Ausdruck bringen, dass sie Hunger haben. Säuglinge erhalten bei Bedarf die Flasche oder einen Brei, Kinder über einem Jahr kriegen kleine Zwischenmahlzeiten, zum Beispiel Obst oder rohes Gemüse.

Süßigkeiten und gesüßte Getränke als Zwischenmahlzeit sollten eine Ausnahme sein. Die Kita ganz und gar zur »zuckerfreien Zone« zu erklären, das scheint mir jedoch nicht sinnvoll. Trotzdem sollten Sie mit Süßigkeiten so zurückhaltend wie möglich umgehen und sie vor allem nicht als »Tröster« oder als Belohnung einsetzen.

In vielen Kindertagesstätten gibt es eine Fülle von Regeln rund um das Essen: Die Kinder haben sich vor dem Essen die Hände zu waschen; sie sollen nicht mit vollem Mund reden; sie müssen so lange sitzen bleiben, bis alle fertig sind; und nach dem Essen putzen sie sich die Zähne.

Betreuen Sie Kinder unter drei Jahren, sollten Sie die vorhandenen Regeln daraufhin überprüfen, ob sie dem Entwicklungsstand der Kinder angemessen sind. Ich halte es zum Beispiel für entwicklungsgerechter, dass kleine Kinder aufstehen dürfen, wenn sie mit ihrem Essen fertig sind. Die zweite Erzieherin könnte sich um Kinder kümmern, die ins Bad gehen, um sich Hände und Gesicht zu waschen, sollte sie dabei aber nur begleiten und ihnen unter Umständen Waschlappen, Seife und Handtücher reichen und nicht allen Kindern mit demselben Lappen Mund und Hände putzen.

Da die Kinder nach dem Essen ins Bett gehen, werden sie meist vorher gewickelt. Eine Zeit, in der Sie alle Hände voll zu tun und demzufolge ein Interesse daran haben, dass die Kinder so selbstständig wie möglich agieren können.

Überlassen Sie den Kindern während der von Ihnen festgelegten Essenszeiten die Entscheidung, ob und wie viel sie essen, sollten Sie auch die Jüngsten bestimmen lassen, wann sie essen. Kleinkinder, deren Stoffwechsel sich von dem Erwachsener deutlich unter-

Qualitätsstandards für Sanitär-, Ess- und Schlafräume in der Krippe dienen dem Zweck, es Ihnen zu erleichtern, die hohen Anforderungen zu erfüllen, die jeden Mittag an Sie gestellt werden. Täglich sollen Sie eine Mahlzeit mit vielen kleinen Kindern, ihre Körperpflege und das Zu-Bett-Gehen angenehm gestalten. Wenn solche Abläufe über längere Zeit improvisiert werden müssen und die Räume dafür nur provisorisch hergerichtet sind, werden nicht nur Sie über Gebühr belastet, sondern die Einrichtung wird dem pädagogischen Potenzial nicht gerecht, das in diesen Alltagssituationen liegt.

Essen, Schlafen und Körperpflege sind von existenzieller Bedeutung für die Kinder und nehmen einen großen Teil des Tages ein. Man könnte sie als die umfassendsten Bildungsbereiche für Kinder von null bis drei Jahren bezeichnen, denn sie regen alle Sinne an.

In der Kindergruppe sind sie das Feld für Interaktion. Sie knüpfen an dem an, was Kinder können. Wenn Sie die Kinder sorgfältig beobachten und sie in ihren eigenen Bestrebungen unterstützen, können Sie ihr Selbstbewusstsein wie auf kaum einem anderen Gebiet bestärken. Jedes Kind ist stolz darauf, selbstständig zu essen, sich ein Getränk selbst einzuschenken, sich selbst aus- und wieder anzuziehen, sich selbst zu waschen und »trocken« zu sein. Es ist augenfällig, welche enormen Leistungen Kinder vollbringen, die diese Alltagskompetenzen haben.

> Essen, Schlafen und Körperpflege lassen als Lernfelder keinen Kompetenzbereich unberücksichtigt. Im Gegenteil: Sie bieten die Komplexität, die Gerd E. Schäfer als ein wesentliches Merkmal frühkindlichen Lernens bezeichnet.

Die anderen Kinder

Beim Essen wird die unterstützende Funktion, die Kinder für andere Kinder haben, besonders deutlich. Da die meisten Kinder gern essen, stecken sie sich gegenseitig an. Allein die Tatsache, dass sie in Gemeinschaft anderer Kinder essen, führt nach meinem Eindruck bei vielen Kindern dazu, dass sie mit Appetit essen. Sie brauchen dazu nicht das Vorbild der Erwachsenen.

Dürfen Kinder sich selbst bedienen, kann man immer wieder beobachten, wie aufmerksam die Kleineren die Größeren wahrnehmen, sie nachahmen, sich aber auch gern von ihnen helfen lassen. Selbst wenn sie »noch« mit den Händen essen, registrieren sie sehr genau, dass andere Kinder Bestecke benutzen. Ganz ohne Zwang nehmen sie diese Werkzeuge so früh wie möglich, weil sie »groß« sein wollen. Der Versuch eines etwas älteren Kindes, mit dem Messer Butter aufs Brot zu streichen, erscheint mir dabei sehr viel eindrucksvoller als die paar schnellen Handbewegungen, die ein Erwachsener dafür braucht.

Der Essbereich

Kinder von null bis drei Jahren brauchen einen eigenen Essbereich, und zwar aus mehreren Gründen: Die Erzieherinnen müssen sich stärker um sie kümmern als um ältere Kinder, und das geschieht besser in einer ruhigen Atmosphäre.

Essen ältere und jüngere Kinder zusammen, zum Beispiel in einem Kinderrestaurant, geht es nicht nur erheblich lebhafter als in einem Krippen-Raum zu, sondern im Zweifelsfall kommen die älteren Kinder zu kurz.

In der großen Altersmischung passen die Zeiten, zu denen die Kleinen und die Großen hungrig sind, in der

Hochstühle! Von Kindergartenmöbel-Firmen empfohlene »Krippenstühle« sind nicht kleinkindgerecht. Sie gehen auf eine überholte Auffassung von dem zurück, was kleine Kinder brauchen, nämlich eine Rückenlehne und dazu noch seitliche Armlehnen. Diese Armlehnen schränken die Bewegungsfreiheit der Kinder ein und können zur Fixierung führen, wenn die Stühle dicht an den Tisch herangeschoben werden. Die Kinder werden in eine passive Sitzhaltung gezwungen. Sie »hängen« im Stuhl.

Auch Rückenlehnen sind überflüssig, wenn die Kinder sitzen können. Und bevor sie sitzen können, sollten sie sowieso nicht an den Tisch gesetzt werden.

Nachdem sie sich das Sitzen beigebracht haben, sitzen sie aufrecht wie die berühmte »Eins«. Jeder kann das bei Kindern, die sich selbstständig entwickeln dürfen, beobachten. Noch bevor sie laufen können, sitzen sie mit geradem Rücken auf dem Boden, strecken die Beine von sich oder ziehen ein Bein an den Körper, um in dieser stabilen Position zu entspannen.

Regel nicht zusammen. Ein weiteres Argument für den eigenen Essbereich sind körpergerechte Sitzgelegenheiten und passende Tische für Krippenkinder.

An dieser Stelle ein Hinweis auf die Möglichkeit, viel Geld zu sparen: Kaufen Sie weder Krippenstühle noch

Kleine Kinder brauchen keine Stühle, sondern Hocker – und zwar in einer Höhe, die es ihnen gestattet, mit den Füßen auf den Boden zu kommen. Die passende Höhe für Kinder, die gerade sitzen gelernt haben, beträgt 18 Zentimeter. Zwischen dem zweiten und dem dritten Lebensjahr können die Kinder auf 22 Zentimeter hohen Hockern sitzen. Die Faustformel für ergonomisches Sitzen besagt: Lieber zu niedrig als zu hoch.[126]

126 Wenn es sich nicht um eine Gruppe mit großer Altersmischung handelt, empfehle ich, alle Hocker in der niedrigen Höhe anzuschaffen. Für die meisten Elementarkinder reichen Hocker in einer Höhe von 26 Zentimetern völlig aus. Übrigens: Ein normaler Kindergartenstuhl ist 30 Zentimeter hoch. Prüfen Sie mal, wie viele Ihrer Kinder bequem mit beiden Füßen auf den Boden kommen.

Da ihr Rumpf im Verhältnis zu den Beinen überproportional lang ist, müssen die Beine aktive Stützarbeit leisten, damit kleine Kinder den Rücken gerade aufrichten können. Ihre Oberschenkel sind so kurz, dass sie sich auch bei einem sehr niedrigen Stuhl nicht gleichzeitig anlehnen und mit den Füßen auf den Boden kommen können.[127] Sie brauchen aber den stabilen Halt ihrer Füße, um ihre Oberkörper in der Balance zu halten und ihre Arme und Hände geschickt bewegen zu können. Immer

wieder lässt sich beobachten, dass kleine Kinder an den vorderen Rand eines normalen, für sie zu hohen Kindergarten-Stuhls rutschen, ein Bein unter den Körper ziehen und mit der Fußspitze des anderen den Boden berühren oder in den stabilen Kniesitz gehen. Die Kinder zappeln also nicht einfach herum, sondern verhalten sich intelligent: Sie passen sich den für sie ungeeigneten Sitzmöbeln an.

127 Dafür müsste die Sitzfläche so schmal sein, dass der Stuhl umkippen würde.

Die Idee mit den Hockern entwickelten die Hamburger Krankengymnastin Petra Hendricks und ich als Fachberaterin. Seit fast 15 Jahren haben sich die Hocker in Hamburger Krippen bewährt.

Gegen Hochstühle sprechen zwei weitere Gesichtspunkte: Sie sind zum einen nicht so multifunktional wie Hocker, zum anderen beherrschen sie den Raum. Will man sie wegräumen, muss man sich anstrengen, denn sie sind schwer. Außerdem fehlt meistens der Platz. Stapeln lassen sie sich nicht. Sinnvoll kann man sie nur an einem hohen Tisch einsetzen, und auch der muss bei Platzbedarf weggeräumt werden.

Am schlimmsten finde ich jedoch, dass die Kinder nicht selbstständig auf die Hochstühle und wieder hinunter klettern können. Das ist der Preis, den Kinder dafür zahlen müssen, wenn die Erwachsenen auf ihrer Erwachsenenhöhe sitzen möchten.

Die Anschaffung von Hochstühlen wird meist damit begründet, dass die Kinder zu Hause auch auf solchen

Stühlen sitzen. Das ist meines Erachtens nicht stichhaltig, denn in der Krippengruppe gibt es, je nach Gruppengröße, zehn Hochstühle und einen Stuhl für die Erzieherin. In der Familie ist es umgekehrt. Da wird ein Hochstuhl – und zwar nur für eine begrenzte Zeit – zu den anderen Stühlen gestellt.

Um zu vermeiden, dass sich die Erzieherinnen ständig bücken müssen, weil die Tische niedrig sind, schlägt mein Kollege Matthias Buck Folgendes vor: Man baut ein Podest und stellt die Tische und Stühle darauf oder, noch besser, installiert sie fest auf dem Podest. So ist das Mobiliar krippengerecht, und Sie müssen sich nicht mehr bücken, denn Tische und Bänke befinden sich auf einer erhöhten Ebene.

Weil ich bei der Frage, welche Alternative es für »erwachsenengerechte« Hochstühle und Tische gibt, und bei meinem Plädoyer für die Hocker schon oft schwierige Diskussionen erlebt habe, möchte ich an dieser Stelle etwas zur Sitzgelegenheit für Sie als Erzieherin sagen. Ich finde es nicht nur verständlich, sondern vor allem aus gesundheitlichen Gründen unverzichtbar, dass sich Erzieherinnen darüber Gedanken machen, worauf sie an krippengerechten Tischen sitzen sollen. Die Hocker mit ihrer Höhe von 22 oder 26 Zentimetern sind natürlich nichts für Sie.

Da die Krippentische mit einer Höhe von 42 Zentimetern einen normalen Erwachsenenstuhl nicht überragen, besteht die Lösung auch nicht darin, einfach irgendeinen Stuhl an den Tisch zu stellen. Entweder Sie müssen sich ständig zu weit herunterbeugen, oder Sie stoßen dauernd mit Ihren Knien gegen den Tisch.

Bei der Entwicklung des Hamburger Raumgestaltungskonzepts und in Zusammenarbeit mit engagierten

Krankengymnastinnen[128] haben wir viel ausprobiert und festgestellt, dass es zwar keine generelle Ideallösung, aber immerhin befriedigende individuelle Lösungen gibt. Wichtig ist zum einen, dass die Sitzfläche erwachsenengerecht – 40 x 40 Zentimeter – und die Sitzhöhe ein Kompromiss zwischen der Körpergröße der Erzieherin und der Tischhöhe ist. Eine kleine Erzieherin könnte gut auf einem 30 Zentimeter hohen Hocker sitzen, während eine große Erzieherin die normale Sitzhöhe von 42 Zentimetern braucht. Bewährt haben sich höhenverstellbare Hocker auf Rollen und zwar solche, die man tief herunterfahren kann.[129]

---

128 Vereinigung Hamburger Kindertagesstätten: »Der clevere Sitz heißt Bewegung«. Informationen zu Sitzmöbeln in Kindertagesstätten. Stadtkinder extra, Februar 1997

129 Bezugsquelle für höhenverstellbare Hocker siehe S. 172

Liegen zwei Krippengruppen räumlich so nahe beieinander und kooperieren die Erzieherinnen so eng miteinander, dass sie einen Bereich bilden können, ist es
natürlich sinnvoll, auch für Krippenkinder ein Restaurant,
also einen Raum für zwei Gruppen, einzurichten. Das
hat den Vorteil, der mit einem Restaurant in der Kita
immer verbunden ist: Man belegt nur einen und nicht
mehrere Plätze mit Tischen und Stühlen für das Essen.
Allerdings muss man, wenn es zu viele Kinder sind,
zwei unterschiedliche Essens-Zeiten einführen, was
aber den unterschiedlichen Bedürfnissen der Kinder
durchaus entgegenkommen kann.

Werden die Malzeiten in einer Ecke des Gruppenraums
eingenommen und gibt es nur diesen einen Raum, sollten Klapptische angebracht werden.[130] Das ist in einem
Gruppen-Nebenraum oder in einem gemeinsamen Ess-
Raum mit einer anderen Gruppe nicht nötig.

Für die Betreuung von Kindern unter einem Jahr, empfehle ich die Anschaffung einer bequemen, erwachsenen-
gerechten Sitzgelegenheit. Ob Sie einem Säugling die
Flasche geben oder Brei füttern: Sie können das in
einer entspannten Körperhaltung tun, wenn Sie einen
Sessel oder eine Couch haben. Ein Platz, an dem Sie
bequem und entspannt sitzen, ist aber nicht nur für
die körperlich und emotional anstrengende Aufgabe
des Fütterns nötig, sondern auch bei anderen Gelegenheiten, zum Beispiel, wenn Sie ein Buch vorlesen.
Außerdem lieben die Kinder erfahrungsgemäß Möbel-
stücke für die Erwachsenen.

Ein anderer Rat stammt von Krankengymnastinnen,
mit denen ich zusammenarbeitete: Setzen Sie sich so
an die Ecke eines niedrigen Tisches, dass Sie ihre Füße
rechts und links vom Tisch aufstellen. Auf diese Weise
haben Sie Bewegungsfreiheit für Ihre Beine und stoßen
nicht mit den Knien an die Tischkante. Sie sitzen so nah
wie möglich am Tisch, haben eine stabile Sitzposition
und können sich um die Kinder kümmern, die rechts
und links von Ihnen sitzen.

130 Siehe auch S. 73

Qualitätsmerkmale

Möblierung

- Hocker für Kinder, die gerade sitzen gelernt haben: 18 cm hoch;
- Hocker: 22 Zentimeter hoch;
- Tische: 42 Zentimeter hoch oder
- Klapptische: 42 Zentimeter hoch und aus Sicherheitsgründen höchstens 1,40 Meter lang;
- Geschirrschrank;
- Anrichte;
- Servierwagen;
- keine (!) Kinderküche.

Wenn genügend Platz vorhanden ist, eventuell eine Küchenzeile in Erwachsenenhöhe. Außerdem ein bequemes, erwachsenengerechtes Sitzmöbel, zum Beispiel ein Sessel, eine Couch oder ein Schaukelstuhl, um Säuglinge zu füttern, und ein optimal höhenverstellbarer Stuhl für die Erzieherin.

Essgeschirr und -besteck

Kleine Kinder brauchen beim Essen Teller, die nicht verrutschen, und Becher, die standfest sind. Deshalb ist leichtes Plastikgeschirr ungeeignet, denn es erschwert den Kindern die geschickte Handhabung.

Teller und Becher – mit Griff – sollten aus Porzellan sein. Da auch Porzellanteller auf glatten Tischoberflächen rutschen, ist es sinnvoll, abwaschbare Sets oder Tischdecken zu benutzen. Übrigens sieht eine Wachstuchdecke nicht nur hübscher aus als ein kahler Tisch – man kann mit ihr auch die Gebrauchsspuren auf multifunktional genutzten Tischen verdecken.

Oft hantieren Kinder deswegen »ungeschickt« mit dem Essbesteck, weil die Griffe zu dünn sind. Bei Bestecken mit extra dicken Griffen können die Kinder wesentlich besser zupacken.

Lätzchen

Gekaufte Lätzchen sind in der Regel zu klein. Deshalb sollte man Windeln, Geschirr- oder Frotteehandtücher nehmen, die man mit Klemmketten, Druckknöpfen oder Klettbändern befestigen kann.

Die Lätzchen sollten bis auf die Knie reichen, damit die Kleidung der Kinder tatsächlich geschützt ist. Auf keinen Fall sollten die Lätzchen unter den Teller geschoben werden. Dadurch würden die Kinder in unangemessener Weise fixiert.

Getränkebüfett

Da es sehr wichtig ist, dass die Kinder nach Bedarf trinken können, sollte es ein Getränkebüfett geben, zum Beispiel ein Tablett mit Gläsern oder Bechern in Höhe der Kinder.

Das Angebot sollte auf keinen Fall aus gesüßten Tees, sondern aus stillem Wasser, verdünnten Naturfruchtsäften oder ungesüßten Tees bestehen.

Die Erzieherinnen sollten den Kindern zwischendurch immer mal etwas anbieten.

Zwischenmahlzeiten

Zwischenmahlzeiten können ebenfalls in Form eines Büfetts, aber auch am Esstisch oder in einer Runde auf dem Boden angeboten werden. Eine runde abwaschbare Decke, auf die alle Kinder passen, ist ein guter Ort, um sich zwischendurch zu einem Imbiss zu versammeln.

Beleuchtung

Der Essbereich im Gruppenraum sollte am Fenster eingerichtet werden, damit er so viel Tageslicht wie möglich bekommt. Jeder Tisch braucht eine Beleuchtung. Bei Klapptischen sollten es höhenverstellbare Lampen sein, die man unter die Decke ziehen kann, wenn der

Platz anderweitig genutzt wird. Ideal wäre eine Kombination von Hängelampen und Wandleuchten.

Akustik

Da es in Krippengruppen nicht besonders laut ist, auch nicht beim Essen, muss der Raum nicht mit einer Schallschutzdecke ausgestattet sein. Es gibt allerdings Räume, in denen jedes Geräusch einen unangenehmen Nachhalleffekt hat. In diesem Fall ist es nicht nur für die ruhige Atmosphäre beim Essen, sondern auch für alle anderen Aktivitäten unbedingt notwendig, die Akustik – am effektivsten durch eine Schallschutzdecke – zu verbessern.

Farben

Bei einer Essecke im Gruppenraum ist es in der Regel nicht sinnvoll, die angrenzenden Wände farblich separat zu gestalten. Stattdessen können mittels Lampen, Sets oder Tischdecken und Geschirr farbliche Akzente gesetzt werden, die umso harmonischer wirken, je besser die Farben der einzelnen Dinge aufeinander abgestimmt sind.

Bei der Wahl der Wandfarbe des Gruppenraums sollte berücksichtigt werden, dass in diesem Raum gegessen wird. Für separate Räume empfehle ich helle, warme Farben.

Schlafen und Träumen

Marc Weissbluth, ein amerikanischer Kinderarzt und ehemaliger Leiter des Chicagoer Zentrums für Schlafstörungen, stellt fest, »dass niemand wirklich genau weiß, wie man gut schläft, damit man immer ausgeruht ist. Tatsächlich tastet man noch im Dunkeln, wenn es darum geht, den Schlafvorgang richtig zu verstehen«.[131] Da Schlafen oder vielmehr Durchschlafen jedoch »das« Thema vieler Eltern kleiner Kinder ist, mit dem sie Probleme haben, gibt es eine Fülle von Ratgeber-Literatur, die sich damit beschäftigt. Von der bisher ausstehenden wissenschaftlichen Durchdringung des Phänomens abgesehen – die auf dem Markt befindlichen Ratschläge widersprechen einander und tragen dadurch letztlich eher zu Verunsicherung bei.

Schlafen ist ebenso wie Essen eine biologische Notwendigkeit. Deshalb können Neugeborene schlafen. Sie unterscheiden jedoch nicht zwischen Tag und Nacht, werden wach, wenn sie Hunger haben, und schlafen ein, wenn sie satt sind.

Marc Weissbluth geht davon aus, dass die Schlafgewohnheiten eines Säuglings bis zum Alter von drei oder vier Monaten vorwiegend die Hirnentwicklung widerspiegeln. »In diesen ersten Wochen entspricht die Schlafdauer tatsächlich dem Schlafbedürfnis, denn in diesem Stadium werden Verhalten des Säuglings und Schlafdauer vor allem durch biologische Faktoren bestimmt. Aber nach ungefähr drei oder vier Monaten (...) beeinflussen Eltern mit ihrer Betreuung durchaus Schlafdauer und damit auch Verhalten des Kindes.«[132] Der amerikanische Kinderarzt empfiehlt Eltern, sich bis zu einem Vierteljahr den Schlafgewohnheiten ihres Säuglings anzupassen, statt zu versuchen, ihm Schlafenszeiten aufzuzwingen.

Auch die Psychologin Annette Kast-Zahn und der Kinderarzt Hartmut Morgenroth gehen davon aus, dass es vier bis sechs Monate dauert, bis sich die »innere Uhr« eines Babys entwickelt hat. »Die ›innere Uhr‹ lässt zum Beispiel nachts die Körpertemperatur absinken und bewirkt, dass der ganze Organismus auf ›Schlaf‹ umschaltet. Die eingebaute biologische Uhr stimmt jedoch nicht genau mit dem 24-Stunden-Rhythmus eines Tages überein. Ohne äußere Einflüsse wie regelmäßige Mahlzeiten, Aufsteh- und Bettzeiten usw. würde unsere innere Uhr erst nach ca. 25 Stunden den nächsten Tag einläuten.«[133] Kast-Zahn und Morgenroth ziehen daraus den Schluss, dass schon ganz junge Säuglinge Regelmäßigkeit brauchen, und legen den Eltern nahe, schon ab dem dritten Lebenstag einen festen Zeitpunkt für

---

131 Weissbluth, M.: Gesunder Schlaf – glückliches Kind. Beltz Verlag 1997, S. 10
132 Weissbluth, S. 22
133 Kast-Zahn, A./Morgenroth, H.: Jedes Kind kann schlafen lernen. Verlag Oberstebrink 2004, S. 43

die letzte Abendmahlzeit festzulegen. »Am besten zwischen 22 und 24 Uhr, bevor Sie selbst schlafen gehen. Jeden Tag um diese Zeit wecken Sie Ihr Baby und stillen es oder geben ihm sein Fläschchen, egal, wie lange es bis dahin geschlafen oder wann es zum letzten Mal getrunken hat.«[134]

Marc Weissbluth rät zum Gegenteil: »Einen schlafenden Säugling unbedingt in Ruhe lassen! Nie ein schlafendes Baby wecken. Es ist ungesund, es aus seinem anhaltenden Schlaf zu reißen.«[135]

Einig sind sich amerikanische und deutsche Ratgeber darin, dass nächtliches Aufwachen normal ist, weil Schlaf kein gleichförmiger Zustand ist, sondern Tiefschlaf und Traumschlaf sich abwechseln. Das Problem liegt also nicht darin, dass das Kind aufwacht, sondern darin, dass es nicht wieder einschläft.

Katharina Zimmer versucht erst gar nicht, das komplexe Thema »Schlaf« zu vereinfachen. Sie weist darauf hin, dass Babys so unterschiedliche Temperamente wie Erwachsene haben. Wie diese haben sie Probleme, mit sich und ihrer Umwelt fertig zu werden. »Die Umstellung auf ein Leben außerhalb des Mutterleibs verlangt ihnen zudem in den ersten Monaten (...) außerordentliche Anpassungsleistungen ab: In der Nahrungsaufnahme, im Schlaf- und Wachrhythmus, in der Auseinandersetzung mit der Schwerkraft, mit all den auf sie einstürmenden Wahrnehmungen, dem neuen Erleben der Mutter, die plötzlich nicht mehr allgegenwärtig und -umhüllend ist, sondern getrennt, manchmal nah, manchmal fern.«[136]

Es geht also beim Schlafen nicht nur um einen biologischen, sondern von Anfang an auch um einen sozialen Prozess. Kulturspezifische Gepflogenheiten und wechselnde Moden werden von vielen Eltern als Zwang oder zumindest als starker Druck empfunden. Oft entwerfen Eltern auch ein Bild von ihrem Kind, das der Realität nicht standhält. Es ist also eine außerordentlich anspruchsvolle Aufgabe für die Eltern, ihren Rhythmus mit dem des Kindes abzustimmen.

Bei Schwierigkeiten empfiehlt Katharina Zimmer Eltern, sich und ihr Baby im Zusammenspiel zu beobachten. »Wie gut ist die ›Choreographie‹ ihres Verhaltens in ihrer Einstimmung aufeinander? Helfen sie ihrem Baby oder hindern sie es, Interesse an der Welt zu entfalten? Machen sie es nervös oder unruhig, wenn sie es eigentlich nur anregen wollen? Wie gut schaffen sie es, ihr Kind zu beruhigen? Versuchen sie es auf verschiedene Weise, wenn es mit einer Methode nicht klappt? Was für Gefühle erweckt die Unruhe ihres Babys bei ihnen? Versuchen sie, an alle Sinne ihres Kindes zu appellieren? Kurz: Unterstützen oder stören sie ihr Kind in seinen Bemühungen, eine gewisse Ordnung in seine eigenen Lebensrhythmen und Verhaltensweisen zu bringen, fördern oder behindern sie sein ihm angeborenes Bestreben, sich selbst zu regulieren, ein ihm angenehmes Gleichgewicht zwischen Schlafen und Wachsein, zwischen freudiger Erregung und Aufmerksamkeit einerseits und entspannter Ruhe andererseits herzustellen?«[137]

Verglichen mit anderen Ratgebern, arbeitet Katharina Zimmer mit Hilfe neuer Forschungsergebnisse viel stär-

---

134 Kast-Zahn/Morgenroth, S. 45
135 Weissbluth, M. 1997, S. 38
136 Zimmer, K.: Das wichtigste Jahr. Kösel Verlag 1993, S. 76 (Leider vergriffen!)
137 Zimmer, S. 77

kcr die Fähigkeit des Kindes zur »Selbstregulation« und das intuitive Verständnis und Einfühlungsvermögen der Eltern heraus. Andererseits weist die Autorin aber auch auf die Störanfälligkeit der Abstimmungsprozesse zwischen Eltern und Kindern hin.

Probleme mit dem Schlafen und scheinbar grundloses Schreien hängen zusammen. Katharina Zimmer stellt dazu fest, dass die Frage, warum Babys eigentlich schreien, nicht nur Eltern, sondern auch Wissenschaftler beschäftigt. »Die Antwort scheint zunächst einfach: Weil sie einerseits nicht sprechen können, andererseits aber besonders viele geradezu lebenswichtige Bedürfnisse haben, und drittens, weil sie in diesen Bedürfnissen fast ganz und gar von den Eltern abhängig sind. Jedoch: Nicht nur die Befriedigung von Hunger wird mit Schreien gefordert, sondern auch schützendes und liebevoll fürsorgliches Verhalten. Schreien ist also ein weitreichendes Kommunikationsmittel, das hilft, eine Bindung zwischen Mutter (ständiger Bezugsperson) und Kind entstehen zu lassen.«[138]

138 Zimmer, S. 79

145

Viele Eltern erleben es allerdings als Belastung, wenn sich herausstellt, dass das Kind, nachdem sie es gefüttert und gewickelt haben, »nur« deswegen schreit, weil es Gesellschaft haben will.

Hier werden die Möglichkeiten der Krippe deutlich: Weil sich bestimmte Probleme, die viele Eltern mit ihren Kindern vor allem beim Schlafen, Essen und bei der Sauberkeitserziehung haben, in einer Krippe, in der kindorientiert gearbeitet wird, so nicht stellen, kann sie die Eltern wirksam entlasten.

Die Rolle der Erzieherin

Neben dem Wickeln ist das Zu-Bett-Bringen die Situation, in der Sie sich einem Kind täglich am direktesten zuwenden können. Bei den verschiedenen Einschlafritualen werden die individuellen Unterschiede zwischen den Kindern besonders deutlich.

Probleme tauchen dann auf, wenn die Kinder nicht so wollen wie die Erwachsenen. Schlafen ist häufig ein »Kampf«-Thema zwischen Eltern und Kindern, weil die damit verbundenen, störanfälligen Abstimmungsprozesse zwischen Mutter, Vater und Kind nicht gelingen. Deshalb ist ein Elternabend oder -nachmittag zum Thema »Schlafen« sinnvoll, weil sowohl sachliche Information – Voraussetzung: Sie befassen sich eingehend mit dem Thema »Schlafen« – als auch der Erfahrungsaustausch der Eltern untereinander entlastend wirken können. Gerade jungen Eltern können Sie in der Krippe ein Forum zur Verfügung stellen, um in den Austausch mit anderen Menschen zu kommen, die in der gleichen Lage sind.

Zeit lassen

Wenn Sie für die Kinder eine angenehme Situation beim Einschlafen schaffen wollen, kommt es sehr auf Ihre innere Einstellung an. Gelingt es Ihnen, selbst zur Ruhe zu kommen, können Sie auch den Kindern die Zeit einräumen, die sie brauchen, um in den Schlaf zu gleiten. Die Schlafenszeit rhythmisiert dann auf angenehme Weise für alle den Tag.

Kinder, die spüren, dass von außen kein Druck auf sie ausgeübt wird, können ihrem eigenen Körpergefühl besser folgen. Das führt dazu, dass sie ihrer Müdigkeit leichter nachgeben, sich also nicht dagegen wehren. Selbstverständlich reagieren sie als soziale Wesen auch auf die Tatsache, dass es einen täglich wiederkehrenden Ablauf in der Krippe gibt, zu dem das Schlafen gehört. An diesen Ablauf passen sie sich zwar in aller Regel, aber in ihrem Tempo an. Nicht zuletzt ist es von großer Bedeutung für jedes einzelne Kind, dass auch die anderen Kinder schlafen.

Basis für Ihre individuelle Zuwendung zu jedem einzelnen Kind ist ein guter Informationsfluss zwischen Kita und Eltern. Die Eltern werden in der Eingewöhnungszeit zu den Schlafgewohnheiten ihres Kindes befragt, und die Informationen werden festgehalten. Dies ermöglicht auch Erzieherinnen, die mit einem Kind nicht vertraut sind, auf dessen Gewohnheiten einzugehen.

Ihre Schlafplätze sollten sich die Kinder möglichst selbst aussuchen können. Zum Einschlafen brauchen sie »Übergangsobjekte«. Fast jedes Kind hat so ein »Objekt« – ein Kuscheltier, ein Tuch oder den Schnuller.

Der englische Kinderarzt und Psychoanalytiker Donald W. Winnicott erfand den Begriff »Übergangsobjekt« für Gegenstände, die für kleine Kinder zwischenmenschliche Beziehungen repräsentieren. Mit ihrer Hilfe bewältigen sie die »Aufgabe, Innere und äußere Realität voneinander getrennt und doch in wechselseitiger Verbindung zu halten«.[139]

Solche Übergangsobjekte sind im allgemeinen der erste »Besitz« kleiner Kinder. Für Kinder zwischen vier und zwölf Monaten haben sie laut Winnicotts Untersuchungen in der Zeit des Schlafengehens lebenswichtige Bedeutung als Abwehr gegen Ängste. Als Beruhiger oder Beschwichtiger dienen sie besonders dann, wenn sich ein Kind vom Verlust eines Liebesobjekts bedroht fühlt.

Schicksal eines Übergangsobjektes ist es, »dass ihm allmählich die Besetzungen entzogen werden, so dass es im Laufe der Jahre zwar nicht in Vergessenheit gerät, jedoch in die Rumpelkammer verbannt wird. Ich meine damit, dass das Übergangsobjekt bei gesunden Kindern nicht verinnerlicht wird, dass die mit ihm verbundenen Gefühle aber auch nicht unbedingt der Verdrängung unterliegen. Es wird weder vergessen noch betrauert. Es verliert im Laufe der Zeit Bedeutung...«[140]

Die Tatsache, dass es in der Krippe eine »Schlafenszeit« mit den dazugehörigen Ritualen gibt, führt dazu, dass sich die meisten Kinder bereitwillig schlafen legen. Die Betonung liegt auf »sich schlafen legen«. Die Kindern sollten also nicht von Ihnen schlafen gelegt werden, sondern Sie geben den Kindern die Möglichkeit, in der Gemeinschaft anderer Kinder zur Ruhe zu kommen. Es sollte selbstverständlich sein, dass Kinder, die dieses Angebot nicht annehmen (können), auch nicht schlafen müssen.

Individuelle Bedürfnisse achten

Ebenso wenig wie zum Essen dürfen Kinder zum Schlafen gezwungen werden. Erfahrungsgemäß ist das bei kleinen Kindern in der Krippe auch nicht nötig. Sie schlafen freiwillig und umso lieber, je mehr Sie auf ihre Bedürfnisse eingehen. Deshalb ist es ein guter Indikator für gelungene Eingewöhnung, wenn ein Kind sich schlafen legt. Dann vermittelt ihm die Krippe offenbar das Vertrauen, das nötig ist, um sich dem Schlaf hinzugeben.

Orientieren Sie sich an der Individualität der Kinder, dann gehört dazu auch, dass sie zum Beispiel mal in einer »Höhle« einschlafen oder wach sein dürfen, wenn die anderen Kinder schlafen. Nach meiner Beobachtung passen sich kleine Kinder einer Umgebung wie der Krippe erstaunlich schnell an und schlafen früher oder später alle mehr oder weniger zur gleichen Zeit.

Die prinzipielle Anpassungsbereitschaft der Kleinkinder anerkennend, sollten Sie darauf eingehen, wenn ein Kind nicht schlafen will. Dabei kann es sich durchaus um ein vorübergehendes Phänomen handeln. Wenn das Kind spürt, dass es schlafen darf, aber nicht muss, legt es sich am nächsten Tag eventuell von selbst wieder hin.

Kinder unter drei Jahren, die dauerhaft nicht mehr schlafen wollen, stellen in der Regel ein Problem dar, denn die Krippe ist darauf eingerichtet, dass alle Kinder schlafen. Erzieherinnen gehen davon aus, in dieser Zeit etwas anderes tun zu können: Pause machen, Beobachtungen niederschreiben, etwas dokumentieren, sich

139 Winnicott, D. W.: Vom Spiel zur Kreativität. Klett Verlag 1973, S. 11
140 Winnicott, S. 15

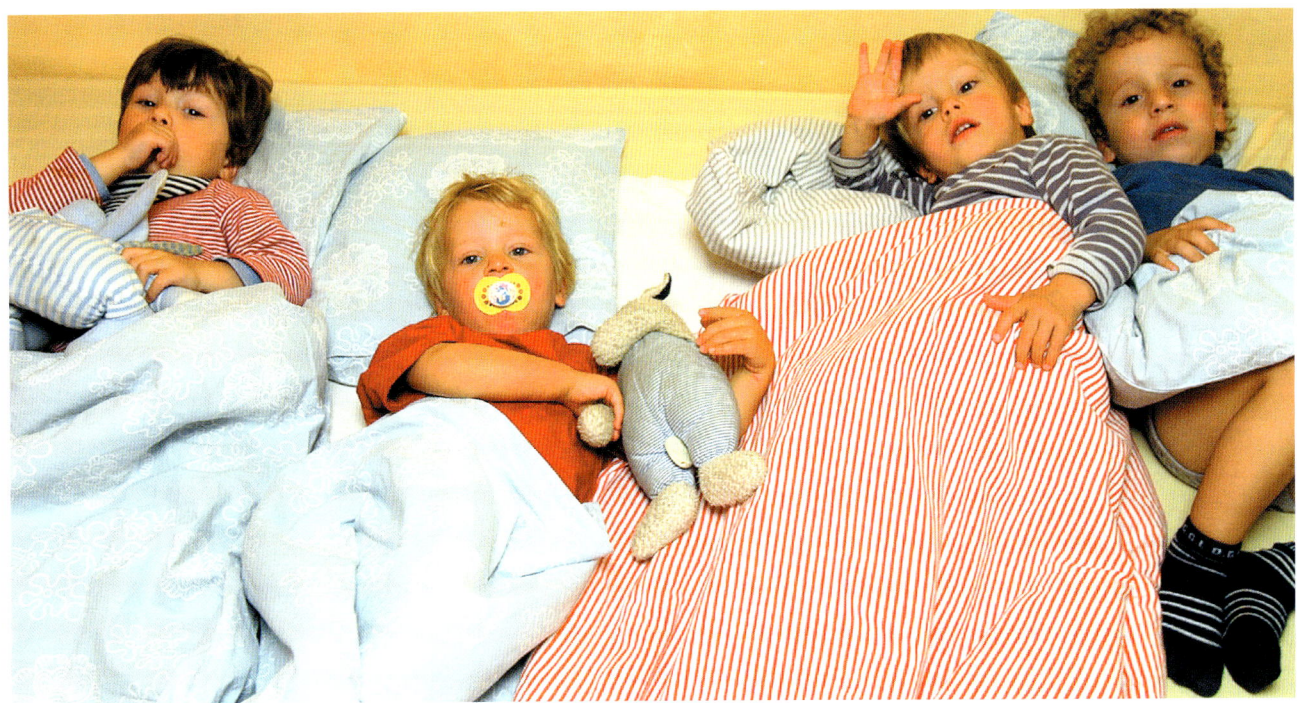

im Team austauschen. So wichtig diese Tätigkeiten sind – sie sind kein Grund, darauf zu bestehen, dass Kinder schlafen oder ruhig in ihren Betten liegen bleiben und erst aufstehen, wenn die anderen Kinder aufgewacht sind.

Stehen einzelne Kinder wieder auf oder legen sich gar nicht erst hin, beschäftigen sie sich in der Regel leise. Ihnen ist bewusst, dass die anderen Kinder schlafen. Unter Umständen genießen sie die »Einzelbetreuung« und begleiten die Erwachsenen zum Beispiel bei Tätigkeiten, die erledigt werden müssen. Wachen Kinder in der Schlafenszeit, sollten sie Materialien vorfinden, mit denen sie sich intensiv beschäftigen können, zum Beispiel eine Wasserstelle im Sanitärraum, eine Staffelei mit dickem Pinsel und einer leuchtenden Farbe oder

ein selbstgemachtes Bilderbuch mit Fotos von den Kindern. Stehen solche Angebote zur Verfügung, ist es nicht nötig, dass Sie sich die ganze Zeit um diese Kinder kümmern.

Die anderen Kinder

Wenn es die Möglichkeit gibt, wählen Kinder oft ein Gemeinschaftslager zum Schlafen, weil ihnen das die Chance bietet, ihre Zuneigung zueinander durch Streicheln oder Aneinander-Kuscheln auszudrücken. Vermutlich sind vor allem die anderen Kinder dafür ausschlaggebend, dass das Schlafen in der Krippe in der Regel kein Problem ist. Zu Hause finden sich die meisten

Kinder schwer damit ab, allein zu schlafen. Bestehen Eltern genau darauf, wofür es gute Gründe gibt, kommt es zu Unstimmigkeiten.

In der Krippe schlafen die Kinder nicht allein – im Gegenteil: Sie müssen immer mit mehreren Kindern zusammen schlafen. Vor dem Hintergrund meiner Erfahrungen in Hamburger Krippen plädiere ich sehr dafür, den Kindern die Möglichkeit zu geben, nicht nur zusammen in einem Raum, sondern auch gemeinsam auf einer Matratze zu liegen. Dabei geben sie sich gegenseitig die beruhigende körperliche Nähe, die sie beim Allein-Schlafen vermissen.

Dennoch sollte es zu diesem »Gemeinschaftslager« Alternativen geben, also Einzelschlafplätze. Ideal wäre, wenn sich diese Schlafplätze in »Höhlen« befinden, so dass die Kinder sich in einen schützenden »Raum im Raum« begeben können. Solche »Höhlen« können Sie mit Kartons improvisieren, oder Sie nehmen aus tieferen Einbauschränken einfach die Türen heraus. Gitterbetten lassen sich auf die Seite legen. Liegt die Matratze auf den unteren Stäben, bedeckt ein Brett die oberen Stäbe und wird vor der Öffnung eventuell noch ein Vorhang angebracht, entsteht ein »Nest«, in das sich Kinder gern zuruckziehen.

Eine dauerhafte Lösung sind »Schlaf-Spiel-Podestebenen«, in denen es sowohl Gemeinschaftsschlafplätze als auch Einzelschlafplätze gibt, die die Kinder, wenn sie wach sind, aufgrund der verschiedenen Höhen als Gelegenheiten zur Bewegung nutzen können. Auf den Einzelplätzen schlafen sie zwar allein, aber doch in Gegenwart anderer Kinder. Auch dadurch unterscheidet sich das Schlafen in der Krippe von dem in der Familie. Dort muss das Kind schlafen, während die anderen Familienmitglieder wach sind, und es befindet sich überdies häufig noch in einem separaten Raum.

Vom Matratzenlager zur Schlaf-Spiel-Podestlandschaft

Kinder sollten sich an der Ausgestaltung ihrer Schlafplätze beteiligen können. Das ist möglich, wenn sie erleben, wie die Schlafplätze vorbereitet werden. Sehen alle Schlafplätze gleich aus, erschöpft sich die Beteiligung der Kinder in kleinen Handreichungen. Gibt es jedoch unterschiedliche Schlafplätze, können die Kinder eine Verbindung zu ihren Neigungen und Stimmungen herstellen.

Grundsätzlich gibt es beide Möglichkeiten: Einzel- und Gemeinschaftsschlafplätze. Häufig führt Platzmangel dazu, dass ausschließlich Gemeinschaftsschlafplätze eingerichtet werden – zumindest seitdem sich herumgesprochen hat, dass es keine hygienischen Begründungen dafür gibt, Kinder in getrennte Betten zu legen. Der Tagesablauf hält eine Vielzahl von Gelegenheiten bereit, mit Körperflüssigkeiten anderer Kinder, zum Beispiel Speichel, in Berührung zu kommen, so dass es unsinnig ist, genau das beim Schlafen vermeiden zu wollen. Es genügt, wenn jedes Kind sein eigenes Kissen und seine eigene Bettdecke hat.

Im Laufe der Jahre haben wir in Hamburger Kitas vieles ausprobiert. Eine besonders platzsparende Möglichkeit für Schlafplätze sind Schaffelle, die – ein zusätzlicher Vorteil – so leicht sind, dass die Kinder sie selbstständig transportieren und hinlegen können. Für Sie sind sie viel rückenschonender als Betten, die in vielen Krippen nicht nur einmal aufgestellt, sondern jeden Tag wieder abgebaut werden müssen.

Betten, die von Kindergartenmöbel-Firmen angeboten werden, sind nicht nur schwer, sondern auch teuer.

Diese Ausgabe können Sie sich sparen, wenn Sie nur die üblichen Matratzen verwenden und sie sowohl einzeln als auch zusammen auslegen.

Doch auch Matratzen können oft nicht liegen bleiben und werden in einem Matratzenschrank oder an einem ähnlichen Ort aufbewahrt. Matratzenschränke sind nicht grundsätzlich abzulehnen. Man kann sie kaufen oder vom Tischler anfertigen lassen: mit schmalen Fächern oder als Rollwagen unter einer zweiten Ebene. Solche Matratzen-Schrank-Konstruktionen berücksichtigen zu-

mindest zwei Gesichtspunkte: Sie reduzieren Ihre körperliche Belastung und nehmen, im Vergleich zu den vielen Bettgestellen, wenig Platz ein.

Ein Modell, das funktional nicht nur auf das Schlafen ausgerichtet ist, hat der Tischler Matthias Buck entwickelt: Hier ist die Fläche, die frei wird, wenn die Matratzen weggeräumt worden sind, nicht einfach eine leere Fläche, ein »Abfallprodukt«. Buck hat die Schlafplätze vielmehr in eine Podestlandschaft eingebettet,

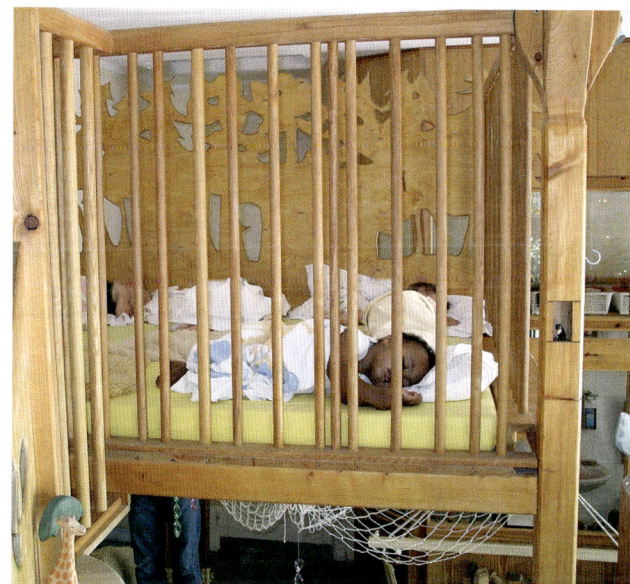

so dass die Kinder in ihrer wachen Zeit verschiedene Ebenen nutzen können: die Aufstiege zum Klettern und die »Verschläge«, die wie Schwalbennester unter die Decke montiert sind, als Rückzugsmöglichkeiten. Um an den höchsten Punkt der Podestlandschaft zu gelangen, müssen die Kinder all ihre Körpersinne einsetzen. Belohnt werden sie durch den Überblick, den sie über das Geschehen im Gruppenraum haben. Alles können sie betrachten, ohne selbst gesehen zu werden.

Falls nur ein Raum zur Verfügung steht, ist die Schlaf-Spiel-Podestlandschaft die beste Möglichkeit, ihn komplex und effektiv zu gliedern. Selbst wenn es – wie es Standard sein sollte – einen separaten Schlafraum gibt, lässt er sich durch eine Podestlandschaft auch in der wachen Zeit erheblich besser nutzen.

Das Modell der Schlaf-Spiel-Podestlandschaft ermöglicht es Krippen und Kitas darüber hinaus, zu wählen,

wie sie welche Räume nutzen möchten. Der Einbau im Gruppenraum könnte die Chance eröffnen, im Nebenraum ein Atelier oder einen Essbereich einzurichten.

Der eigene Essbereich hat den Vorteil, dass eine Erzieherin sich um die Kinder kümmern kann, die mit dem Essen bereits fertig sind und sich aufs Schlafen vorbereiten, während die Kollegin mit den anderen Kindern in Ruhe die Mahlzeit beendet. Beide Gruppen stören einander nicht.

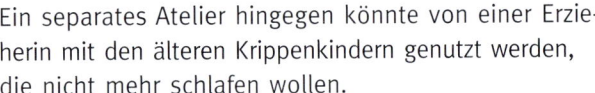

Ein separates Atelier hingegen könnte von einer Erzieherin mit den älteren Krippenkindern genutzt werden, die nicht mehr schlafen wollen.

Besonders umsichtig sollte die Schlafsituation der jüngsten Krippenkinder gestaltet werden. Früher schliefen Kinder in Körben oder in Wiegen. Heute gibt es vermutlich in den meisten Familien ein Gitterbett, das zum einen dem Schutz der Kinder dient, zum anderen aber auch dem Schutz der Erwachsenen vor den Kindern. Obwohl solche Betten für kleine Kinder allgegenwärtig sind, plädiere ich für die Suche nach Alternativen.

Auch wenn es sich vielleicht merkwürdig anhört: Eine wunderbare Alternative sind Hundekörbe, mit einer Matratze oder einem Schaffell ausgepolstert. In Hamburger Krippen haben sie sich seit 15 Jahren bewährt. Sie bieten Kindern bis zu einem Jahr einen geschützten »Raum im Raum« und – noch ein Vorzug – können während der wachen Zeit zum Spielen genutzt werden.

Für Säuglinge, die zu ganz unterschiedlichen Zeiten schlafen und aus diesem Grund nicht in einem separaten Raum »abgelegt« werden sollten, gibt es in einigen Hamburger Krippen eine eigene Art von »Wiege«[141]. Es

141 Bezugsquelle für Sisalkorb siehe S. 172

handelt sich um einen Hängekorb, der an der Decke oder an Balken aufgehängt wird. Die Erzieherin kann das Kind in den Schlaf wiegen und sich sofort um es kümmern, wenn es auf sich aufmerksam macht. Haben die größeren Kinder eigene Schaukelmöglichkeiten, lassen sie das Baby in Ruhe.

Ob solche Hängekörbe in der großen Altersmischung Probleme bereiten, das weiß ich nicht. Ich vermute aber, dass Korb und Kind bei älteren Kindern sehr viel mehr Aufmerksamkeit erregen als bei unter Dreijährigen. Außerdem ist der Lärmpegel in einer Gruppe von Drei- bis Sechsjährigen so hoch, dass man besser nach anderen Lösungen suchen sollte.

Qualitätsmerkmale

Schlafgelegenheiten

- Matratzen,
- Schaffelle,
- Hundekörbe,
- Kojen in tiefen Einbauschränken,
- auf die Seite gelegte Gitterbetten,
- Schlaf-Spiel-Podestlandschaften[142].

Für Säuglinge:
- Sisalkörbe mit stabilen Böden als Wiegen.

Achtung: Hängematten sind nicht zum Schlafen geeignet!

Licht

Der Raum sollte auf keinen Fall vollkommen abgedunkelt werden. Dennoch sollten sich die Lichtverhältnisse während der Schlafenszeit von denen unterscheiden, die die Kinder zur Wachzeit haben. Bei künstlichem Licht kommt es auf die Nutzung des Schlafbereichs an. Wird dort nur geschlafen, reicht eine »Stimmungsbeleuchtung«, zum Beispiel eine Lichterkette. Wird der Bereich multifunktional genutzt, muss die Beleuchtung dem entsprechen. In einem Schlafbereich, in dem Sie mit den Kindern auch Bilderbücher anschauen, ist eine andere Lampe notwendig als bei einer Schlaf-Spiel-Podestlandschaft, in der die künstliche Beleuchtung nicht hauptsächlich Stimmung verbreiten, sondern die Kinder vor allem in ihren Aktivitäten unterstützen soll.

Farben

Harmonische Farbgestaltung trägt zur Entspannung bei. Ein Mustermix sollte möglichst vermieden werden – es sei denn, er ergibt sich dadurch, dass die Kinder ihr eigenes Bettzeug von zu Hause mitgegeben bekommen.

Haben Sie die Wahl, sollten Sie Töne aus dem Spektrum der warmen Farben aussuchen. Beherrscht eine dominante, aktuell nicht veränderbare Farbe den Raum, sollten Sie sie nicht ignorieren, sondern versuchen, andere Materialien darauf abzustimmen. Oft ist es der Boden, der die größte zusammenhängende Farbfläche aufweist. Wenn er erneuert werden kann, kommt sowohl Teppichboden als auch Korkfußboden infrage.

Akustik

Selbstverständlich sollte sein, dass der Schlafraum dort eingerichtet wird, wo es in der Einrichtung am ruhigsten ist. Krach stört auch kleine Kindern, wenn sie schlafen. Natürlich wirkt sich ein hoher Geräuschpegel auf die Qualität des Schlafs aus.

Teppichboden im Schlafraum hat den Vorteil, dass er einen angenehmen Untergrund für die Matratzen der Kinder bietet. Dazu trägt er zu einer guten akustischen Atmosphäre bei. Diese Tatsache wiegt auch das Argument auf, dass ein Teppichboden in der Krippe durch die Körperausscheidungen der Kinder selbstverständlich immer »gefährdet« ist.

Auf jeden Fall sollten Sie den Schlafraum oder Schlafbereich mit Textilien so üppig wie möglich ausstatten, denn nur poröse Materialien können Schall absorbieren. Dazu gehören Gardinen aus schwereren Stoffen. Zarte Gardinen sind zwar sehr dekorativ, tragen aber nicht zu einer guten Akustik bei und dunkeln den Raum auch nur ungenügend ab. Bei der Stoffauswahl sollten Sie deshalb auf diese beiden Gesichtspunkte besonders achten.

Ob zum Einschlafen Musik gehört, kann ich nicht mit Ja oder Nein beantworten. Sicherlich kann Musik zur Entspannung beitragen, und es kann sinnvoll sein, ein kurzes Musikstück oder den Klang einer Spieluhr als Teil

---

142 Bezugsquelle für Schlaf-Spiel-Podestlandschaften siehe S. 172

eines Rituals einzuführen, das den Kindern am Anfang oder am Ende der Schlafenszeit einen immer wiederkehrenden Hinweis gibt. Doch wenn man kleine Kinder beim Zu-Bett-Gehen beobachtet, merkt man: Das Interesse aneinander steht im Vordergrund. Musik stört eher.

Wenn Sie Musik einsetzen, empfehle ich statt einer in ihrer Komplexität meist erheblich reduzierten »Musik zur Entspannung«, sich mit Musik aller Epochen und Richtungen zu befassen.

Raumtemperatur

Während des Schlafs ist eine Raumtemperatur über 18 Grad nicht akzeptabel. Deshalb sollten in jedem Schlafraum Thermometer hängen, damit die Temperatur – wenn sie unter 18 Grad fällt – überprüft werden kann. Ebenso wichtig für den gesunden Schlaf ist die ausreichende Belüftung des Raums, in dem Kinder schlafen.

Bekleidung

Beim Schlafen ist es für das körperliche Wohlbefinden der Kinder wichtig, sie entsprechend an- oder auszuziehen. Sie sollten ohne Strumpfhosen, aber auch ohne Strümpfe ins Bett gehen, da die Füße die Temperatur des Körpers ausgleichen müssen. Während es im Winter sinnvoll ist, dass sie einen Schlafanzug tragen, sollten die Kinder sich in den übrigen Jahreszeiten bis auf die Unterwäsche ausziehen, wenn es nicht zu kalt ist.

Bettzeug

Kinder brauchen eine Bettdecke und ein flaches (!) Kopfkissen. Im Hochsommer reicht unter Umständen ein Betttuch oder ein Badelaken. Jedenfalls sollten Sie darauf achten, dass die Kinder im Sommer nicht zu warm eingepackt sind und im Winter nicht frieren müssen.

Jedes Kind hat sein eigenes Bettzeug, das an einem Ort aufbewahrt wird, der mit Namen und möglichst auch Foto des Kindes gekennzeichnet ist. Das hat den Vorteil, dass sowohl die Kinder als auch Vertretungskräfte erkennen können, wem welches Bettzeug gehört. Falls die Kinder nicht ohnehin ihre Kuscheltiere, Tücher oder Schnuller immer mit sich herumtragen, ist es sinnvoll, solche Dinge zusammen mit dem Bettzeug aufzubewahren.

Übergangsobjekte

Kuscheltiere, Tücher oder andere »Übergangsobjekte« und Nuckel sollten griffbereit aufbewahrt werden, so dass Sie und die Kinder sie jederzeit leicht erreichen können. Nach der jahrelangen öffentlichen Diskussion über die Schädigung von Milchzähnen durch »Dauernuckeln« versteht es sich von selbst, dass den Kindern keine Fläschchen als Einschlafhilfe angeboten werden.

Rückzugsmöglichkeiten

Außerhalb der Schlafenszeit sollte es für die Kinder Möglichkeiten zum Ausruhen, Alleinsein und stillen Beobachten geben, für die sich alle Schlafgelegenheiten eignen, die oben aufgeführt sind.

Schlaf-Infos

Um jedem Kind gerecht zu werden – auch wenn Sie als vertraute Erzieherin abwesend sind –, ist es sinnvoll, bestimmte Informationen zur Schlafsituation festzuhalten. Das kann in einem Gruppentagebuch unter der Rubrik »Schlafen« geschehen oder an einer Pinnwand, an die Karteikarten geheftet werden, auf denen unter dem Namen und Foto des Kindes stichwortartig notiert ist, welchen Schlafplatz es hat, welche Schlafnachbarn und welche Schlafrituale.

Plätze für Angebote der Erzieherinnen

Zum traditionellen Bestand jeder Krippe gehören Bilderbücher, die Sie gemeinsam mit den Kindern anschauen, vorlesen oder nacherzählen. Ich sehe dabei für die Krippe allerdings ein zeitliches Problem, das in der Natur der institutionellen Betreuung liegt, die ja keine 1:1-Betreuung ist. Deshalb ist der Umgang mit Büchern ein Feld, auf dem Sie mit den Eltern eine Art Arbeitsteilung vereinbaren könnten, natürlich nicht ohne sich vorher darüber verständigt zu haben, was aus Ihrer Sicht sinnvoll ist.

Fest steht, dass Bilder- und andere Bücher in der Krippe eine sehr gute Möglichkeit sind, mit einem, zwei, höchstens drei Kindern in engen Kontakt zu kommen und insbesondere die Sprachentwicklung, aber auch die Fantasie der Kinder anzuregen.

Unter dem Gesichtspunkt der Raumgestaltung kann sich solch eine Situation überall dort ergeben, wo Sie sich mit wenigen Kindern niederlassen können. Ich halte es jedoch auch in diesem Fall für wichtig, dass Sie über eine erwachsenengerechte Sitzmöglichkeit verfügen. Da eignet sich zum Beispiel ein ganz normales Sofa – kein Kinder-Sofa und auch keine improvisierte Matratzen-Lagerstatt –, weil nicht nur Erwachsene bequem darauf sitzen können. Auch die Kinder können es sich auf einem solchen Sofa gemütlich machen.

Unter dem Aspekt der Materialausstattung betrachtet, gilt auch bei Bilder- und anderen Büchern: Weniger ist mehr. Übrigens habe ich beobachtet, dass Kinder unter drei Jahren sehr positiv auf selbstgemachte Bilderbücher reagieren. Auf allergrößtes Interesse stoßen Fotos der Kinder selbst, Fotos von anderen Kindern in der Krippe und Familien-Fotos. Interessant sind auch realistische Abbildungen von Alltagsgegenständen, die beziehungsreicher werden, wenn Sie sie – im Hinblick auf die Situation in der Gruppe – aus Illustrierten ausschneiden.

Besonders gute Erfahrungen hat die Hamburger Erzieherin Ulla Gollmer-Kröbl mit Kunstkalender-Blättern gemacht, die sie in Folie eingeschweißt und den Kindern in einem stabilen Kasten zur Verfügung gestellt hat. Mit großem Vergnügen schauten sich die Kinder diese Bilder immer wieder an. Sicherlich nicht zuletzt deshalb, weil sie sie – das ermöglichte die Folie – selbst handhaben konnten.

Neben solch einem größeren Kasten mit laminierten Blättern, bei deren Motiven der Fantasie keine Grenzen gesetzt sind, könnte ein kleiner Kartei-Kasten mit Kunst- oder anderen Postkarten stehen. Einzige Bedingung: Die Karten müssen durch Karton verstärkt oder besser auch mit Folie überzogen und eingeschweißt sein, damit die Kinder sie selbstständig handhaben können. Meine Empfehlung: Richten Sie Ihr Hauptaugenmerk auf Materialien, die die Kinder auch ohne Sie benutzen können. Denn alles, was sie ohne Ihre Anleitung tun können, ermöglicht ihnen Wahlfreiheit und stärkt somit ihr Selbstbewusstsein. Hinzu kommt: Auch Ihre

Handlungsmöglichkeiten als Erzieherin erweitern sich. Sie können Situationen intensiver nutzen, sich zum Beispiel spontan zu dem Kind gesellen, das sich ein Bilderbuch anschaut, und damit weitere Kinder in Ihren Kreis ziehen. Oder Sie kümmern sich mit gutem Gewissen um andere Dinge. Vielleicht nutzen Sie aber auch die Gelegenheit zur Beobachtung und erfahren, wie welches Kind mit der Form und dem Inhalt von Bildern und Büchern umgeht.

Natürlich haben Sie immer die Möglichkeit, den Kindern Angebote zu machen. Sie sprechen Kinder eventuell gezielt an, suchen die Zeit, den Ort und das Buch aus. Dies kann auch Bücher betreffen, die den Kindern nicht jederzeit zugänglich sind.

Ich halte es übrigens für selbstverständlich, dass bestimmte Bilderbücher nur mit Erwachsenen zusammen angeschaut werden. Das heißt nicht, dass das, was die Kinder selbstständig nutzen dürfen, nur der letzte Ramsch ist.

Zur Palette der Angebote an Kinder in der Krippe gehört, dass kleine Geschichten, Reime, Fingerspiele oder Lieder als Ritual in den Tagesablauf eingebaut werden. Beim Wickeln, vor dem Essen oder Schlafen können solche Rituale dreierlei bewirken: die beruhigende Wiederholung täglich wiederkehrender Erfahrungen, die den Kindern das Gefühl von Sicherheit vermittelt, das Kennenlernen von Melodien, Wörtern und Sätzen, die das eigene Repertoire erweitern, und die allmähliche Einübung in Regeln.

In Kindergärten und damit auch in den meisten Krippen sind musikalische Angebote Tradition. Neben Liedern, Finger- und Kreisspielen werden den Jüngsten in der Regel Rhythmusinstrumente angeboten. Ich halte das

für gut. Dennoch stellt sich die Frage, in welcher Form solche Angebote erfolgen sollten.

Sicher haben auch Sie die Erfahrung gemacht, dass kleine Kinder alles nutzen, um zu hören, ob es klingt. Sie sind in der Lage, jedem Gegenstand einen Ton zu entlocken. Das ist wunderbar, weil sie uns Erwachsenen auf diese Weise demonstrieren, dass sie zum Umgang mit Tönen nicht motiviert werden müssen.

Der umsichtige Umgang mit der Geräuschatmosphäre in der Gruppe trägt wesentlich zum entspannten Miteinander der Kinder untereinander, aber auch der Kinder und Erwachsenen bei. Das heißt: Im Krippenalltag stößt Geräusche-Machen an Grenzen. Deshalb plädiere ich dafür, dass alles das, was laute Töne produziert, nicht zur freien Verfügung steht. Das betrifft sowohl die meisten Rhythmusinstrumente als auch Alltagsgegenstände wie Töpfe mit Deckeln. Doch bevor ich kleinen Kindern etwas untersage, das sie voller Neugier ausprobieren wollen – zum Beispiel immer wieder mit dem Deckel auf einen Topf zu schlagen –, würde ich ihnen diese Gelegenheit im Alltag nicht bieten, sondern ihnen dafür ein spezielles Angebot machen.

Arbeitsplätze für Erzieherinnen

Je mehr Raumgestaltung sich an den Bedürfnissen kleiner Kinder orientiert, desto nötiger ist es, sich Gedanken darüber zu machen, wo und wie Plätze eingerichtet werden können, die den Interessen der Erwachsenen gerecht werden. Es ist kein Luxus, sondern wirklich notwendig, dass in der Krippe in jedem (!) Gruppenraum eine bequeme, erwachsenengerechte Sitzmöglichkeit vorhanden ist – ein Sessel oder ein Sofa. Selbst in sehr kleine Räume passt zumindest ein Sitzsack, der sich leicht wegräumen lässt. So eine Sitzgelegenheit hat auch den Vorteil, dass die Kinder sie nutzen können.

Dass es nicht leicht ist, Stühle zu finden, die Ihnen das Sitzen an niedrigen Krippen-Tischen ermöglichen, erwähnte ich schon. Vorschläge wie Kniesitz-Hocker oder Sitz-Bälle haben sich nach den Erfahrungen in Hamburger Kitas übrigens nicht bewährt.

Mit Nachdruck sei noch einmal darauf verwiesen: Setzen Sie sich auf keinen Fall auf Krippenstühle! Bestehen Sie bei der Erstausstattung oder Ergänzung des Mobiliars einer Krippengruppe darauf, dass vernünftige Sitzgelegenheiten für die Erzieherinnen angeschafft werden. Das müssen nicht unbedingt Stühle sein. Viel flexibler sind zum Beispiel Hocker. Bewährt haben sich höhenverstellbare Hocker auf Rollen.[143]

Statt eines Tischs empfehle ich Ihnen ein Stehpult als Arbeitsplatz, das platzsparend in Türnähe und dicht neben einem Wandtelefon untergebracht werden kann. Es lässt sich auch als Empfangspult nutzen.

Das Stehpult sollte eine schräg gestellte Schreibfläche haben, die Sie aufklappen können, um Unterlagen oder Ihre Handtasche abzulegen – vorausgesetzt, das Pult ist verschließbar. Der untere Teil kann Fächer haben, am besten mit Türen, so dass Sie dort Ordner und anderes Material unterbringen können, das nicht für die Kinder bestimmt ist.

---

143 Bezugsquelle für höhenverstellbare Hocker für die Erzieherinnen siehe S. 172

Qualitätsmerkmale

Plätze für Angebote der Erzieherinnen
- ein Sofa für Erwachsene,
- ein bequemer Sessel,
- ein Sitzsack.

Arbeitsplätze für Erzieherinnen
- ein Stehpult,
- eine höhenverstellbare, flexible Sitzmöglichkeit, zum Beispiel Hocker auf Rollen.

Materialien für Kinder
- Bilderbücher;
- selbstgemachte Bücher;
- Ordner oder Hefter mit Fotos;
- eingeschweißte Bilder, zum Beispiel Kunstkalenderblätter;
- Rhythmusinstrumente;
- Klanginstrumente.

Übergänge zwischen Räumen und Bereichen

Junge Kinder fühlen sich wohl in Räumen im Raum, in denen sie Sicht- und Hörkontakt zu ihrer Umwelt haben. Elementarkinder sind auf solche Kontakte zunehmend weniger angewiesen, und Hortkinder fühlen sich oft erst wohl, wenn sie außer Sicht- und Hörweite der Erwachsenen sind.

Übergänge in Räumen

Erwachsene und Kinder nehmen einen Raum, den sie betreten, auf Grund des Körpergrößenunterschieds aus ganz verschiedenen Perspektiven wahr. Erst, wenn wir uns auf den Boden hocken, können wir nachvollziehen, was kleine Kinder sehen. In herkömmlich eingerichteten Räumen sind das Tische oder nur Tischbeine, Stühle, die unteren Teile der Schränke, der Boden und – ganz wichtig: der untere Teil der Wände sowie das Spielmaterial, das auf dem Boden steht oder liegt. Solche Räume sind für die Kinder sehr viel unübersichtlicher als für uns Erwachsene, die wir gleichsam aus der Vogelperspektive auf Möbel und Materialien schauen.

Wenn Sie Ihre Räume entsprechend der in diesem Buch beschriebenen Vorschläge – also im Sinne der Kinder – verändern, werden sie für die Kinder zwar noch unübersichtlicher, und auch Sie können die Räume nicht mehr jederzeit mit einem Blick erfassen. Aber Räume im Raum, ein »modellierter« Boden und Raumgliederungen bis zur Decke verändern vorhandenen

Raum durch waagerechte und senkrechte Begrenzungen. Ob Sie Kartons, selbst angefertigte Podeste oder Spiel-Podest-Landschaften bereitstellen: Es sind die Wände aus Karton oder Holz, die Höhenunterschiede und die Sichthindernisse, die geheimnisvoll wirken und zur Erkundung animieren. In solche »Räume im Raum« kann sich ein Kind auch jederzeit zurückziehen, still beobachten und wieder Kraft für neue Aktivitäten tanken.

Räume im Raum brauchen Öffnungen, die die Übergänge zwischen drinnen und draußen bilden. Genau dieser Doppelfunktion – sowohl Geborgenheit zu vermitteln als auch Expeditionen in unbekannte Gefilde anzuregen – müssen die Übergänge gerecht werden.

Bei Umzugskartons zum Beispiel ist das ganz einfach. Mit einem Teppichmesser schneiden Sie Öffnungen hinein. Einbauten und Spielpodeste haben oft Wände mit genormten Gucklöchern oder realistischen Fenstern und Brüstungen. Stäbe in regelmäßigen Abständen sichern sie, was immer ein wenig an Affenkäfige erinnert.

Wenn Sie mit der Handsäge in die hölzernen Wände der Spiel-Podest-Landschaften Löcher sägen und ihnen viele verschiedene Formen geben, vermeiden Sie den unschönen Eindruck. Befinden sich diese Öffnungen in unterschiedlichen Höhen, können die Kinder liegend, kniend, sitzend oder stehend hinausblicken. Oder Sie sorgen dafür, dass die Stäbe unregelmäßig angeordnet

sind, dass unterschiedliche Stäbe – dicke und dünne, glatte und gedrechselte – abwechslungsreiche Tastqualitäten bieten, ein interessantes Bild ergeben und unterschiedliche Durchblicke ermöglichen.

Zusätzliche schallschluckende Effekte können Sie erzielen, wenn Sie Stoff in die Brüstung spannen. Ich empfehle Segelstoff, der mit einem Abstand zum Rahmen so angebracht wird, dass die Kinder an allen Seiten am Stoff vorbeigucken können. Sie können

etwas sehen, ihre Neugier und das Bedürfnis, Sichtkontakt mit ihren Bezugspersonen zu halten, werden befriedigt. Und die Gefahr, dass sie versuchen, an der Brüstung hochzuklettern oder sich darüber zu lehnen, um etwas mitzubekommen, besteht nicht.

Sehr attraktiv sind auch durchsichtige Trennelemente aus Plexiglas[144], die Sie durch farbige Folien verfremden können. In Reggio sah ich ein »Zelt« aus farbigen Plexi-

---

144 Das gilt auch für Glas. Leider eine kostspielige Angelegenheit, da es Sicherheitsglas sein muss.

glaselementen – für mich ein gutes Beispiel krippen-
spezifischer Gestaltung von Übergängen im Raum.
Quer gestellte Regale bilden Grenzen und ermöglichen
durch ihre Transparenz gleichzeitig fließende Übergänge zwischen einzelnen Räumen im Raum. Das ist in der
Atelierecke besonders sinnvoll. Allerdings müssen Sie
auf die sichere Verankerung der Regale achten. In den
meisten Fällen können Sie ein Regal zumindest an einer
Wand befestigen. Ist das nicht möglich, sollten Sie entweder in den Boden bohren dürfen oder in die Decke.

Übergänge zwischen Räumen

Steht den Kindern mehr als ein Raum zur Verfügung,
ist es wichtig, dass der Übergang von einem Raum
zum anderen transparent ist. Das betrifft in erster Linie
die Tür. Sie sollte einen Glasausschnitt haben. In Hamburg hatte ein Kita-Leiter den Mut, in die unteren Hälf-
ten der Krippen-Türen Ausschnitte zu sägen und sie
verglasen zu lassen, weil ihn störte, dass er nie wusste,
ob sich hinter der Tür ein krabbelndes Kind befand.

Darüber hinaus ermöglicht solch ein Glasausschnitt in der Tür allen Kindern, jederzeit hinaus und hinein zu schauen. Er hat also einen doppelten Effekt: Die Erwachsenen können sich mit einem Blick durch das Glas einen Überblick darüber verschaffen, was im Raum geschieht, ohne die Tür zu öffnen. Die Kinder nutzen den Durchguck vielfältig und nicht zuletzt dazu, sich zu vergewissern, wohin sie den Radius ihrer Erkundungen erweitern.

In den kommunalen Hamburger Kitas hat diese Aktion viele Nachahmer gefunden. Der positive Effekt ist so überzeugend, dass ich nur wärmstens empfehlen kann, Prioritäten zu setzen und Geld für Türen mit Glasausschnitten auszugeben, sie zumindest aber bei Umbau oder beim Neubau einzuplanen.

Bewährt haben sich in der Krippe auch Innenfenster, besonders zwischen dem Sanitärraum und den angrenzenden Räumen. Arbeiten Sie mit jungen Kindern, dann halten Sie sich so oft im Sanitärraum auf, dass ein Innenfenster Ihnen hilft, den Überblick zu behalten, wenn es den Sanitärraum mit dem Gruppenraum verbindet oder mit dem Raum, in dem geschlafen wird. So können Sie vor und nach dem Schlafen entspannter wickeln, und die anderen Kinder können beim Wickeln zuschauen, ohne dass es eng am Wickeltisch wird.

Auch ein Loch in der Wand ist eine äußerst attraktive Verbindung zwischen zwei Räumen. Es kann – in Schweden habe ich das gesehen – so tief angebracht sein, dass die Kinder wie durch eine Art Katzenklappe von einem Raum zum anderen gelangen. In einer Hamburger Krippe hat man so ein Loch in der Mitte der Wand platziert und auf beiden Seiten ein Podest mit Aufstieg und Balustrade angebracht. Das Team der Krippe Tornquiststraße ließ sich auch durch dicke Altbauwände nicht davon abhalten, ein solches Loch hoch oben in die Wand zwischen Haupt- und Nebenraum zu setzen. Auf beiden Seiten befinden sich Spiel-Podest-Landschaften, die die kleine Öffnung, durch die nur die Kinder passen, miteinander verbindet. Das Loch ist allerdings auch deswegen klein, damit die Kinder, die in den beiden Räumen spielen, einander nicht stören.

Die Idee, Räume durch Öffnungen zu verbinden, ist spezifisch für die Krippe. Aufgrund des erhöhten Lärmpegels in Gruppen älterer Kindern müssen Sie schauen, wo es Räume gibt, in denen man durch eine Öffnung in der Wand nicht zusätzliche Lärmbelastung schafft.

Übergänge zwischen Bereichen

Am Anfang des Buches habe ich Gründe genannt, die gegen die große Altersmischung sprechen. Für die große Altersmischung ließe sich anführen, dass das Problem des Übergangs von der Krippe in den Elementarbereich wegfällt. Wenn Sie allerdings die Nachteile der großen Altersmischung nicht in Kauf nehmen wollen, müssen Sie sich mit der Gestaltung des Übergangs von einem Bereich in den anderen beschäftigen.

Neben Aspekten wie der bereichsübergreifenden Zusammenarbeit im Team, der möglichst flexiblen Organisation des Übergangs und der Unterstützung der Kinder bei der allmählichen Erweiterung ihres Radius spielt die Architektur der Kita eine große Rolle. Befindet sich die Krippengruppe in unmittelbarer räumlicher Nähe des Bereichs für die Kinder über drei Jahren, entwickelt sich der Übergang, unter Berücksichtigung der oben genannten Gesichtspunkte, von selbst. Sind die Wege lang, werden die Aktivitäten junger Kinder be- oder

167

sogar verhindert. Architektur beeinflusst die Erkundungs-
möglichkeiten der Kinder massiv. Deshalb bauen die
Reggianer die Räume ihrer Kitas um eine Piazza, einen
Marktplatz, herum. Dadurch ergeben sich die kürzest-
möglichen Wege zwischen den einzelnen Räumen.

Eine besonders interessante, aber noch unverwirk-
lichte Idee wurde von einer Architektin entwickelt, die

für die kommunalen Kindertagesstätten in Hamburg
arbeitet. Bei zwei oder mehr Geschossen besteht die
Möglichkeit, eine Zwischenetage einzuziehen und dort
einen Raum einzurichten, der für ältere Krippenkinder
und für jüngere Elementarkinder gleichermaßen anzie-
hend ist.

Nachwort

Dieses Buch ist das Ergebnis meines Austauschs mit vielen Menschen. Er begann vor über 25 Jahren mit einem Besuch der Krippen und Kindergärten in Reggio Emilia, bei dem ich Carla Rinaldi begegnete, der charismatischen Fachberaterin aus dem Pädagogischen Zentrum in Reggio. Sie öffnete mir die Augen für die Potentiale der Krippenerziehung.

In dieser Zeit sah ich auch erstmals Emmi Piklers verblüffende Videofilme und etwas später das überzeugende Filmmaterial zum Thema Eingewöhnung, das eine kleine Berliner Wissenschaftlergruppe veröffentlicht hatte. Zu meiner Begeisterung beschäftigten sich Beate Andres und Hans-Joachim Laewen nicht nur mit Kleinstkindforschung, sondern sie unternahmen zusammen mit Kita-Praktikerinnen und Verwaltungsleuten aus Berliner Bezirken alles, um ihre Erkenntnisse in der Praxis wirksam werden zu lassen.

Am meisten habe ich durch den kontinuierlichen Austausch mit meinen Hamburger Kolleginnen gelernt. Als ich 1984 als Fachberaterin für die kommunalen Kindertagesstättten nach Hamburg kam, lernte ich Gudrun Konow, zuständig für die Kita-Fortbildung, und Inga Bodenburg, Lehrerin an der Berufsfachschule für Kinderpflege, kennen – zwei Frauen, die mich auch dadurch beeinflussten, dass sie sich in ihrem Bereich mit vehementer Überzeugungskraft und unerschütterlicher Geduld für die Verbesserung der Qualität in Hamburger Krippen einsetzten. Erfolgreich arbeiteten an diesem Ziel auch Kolleginnen aus anderen Fachgebieten, von denen ich an dieser Stelle und stellvertretend für alle Petra Hendricks nennen möchte, die für die kommunalen Krippen zuständige Krankengymnastin.

Als ungemein fruchtbar empfand ich die Zusammenarbeit mit Erzieherinnen, Leiterinnen und Leitern aus vielen Hamburger Krippen, die Anfang der neunziger Jahre begann und erst endete, als ich die Stadt zehn Jahre später verließ. In verschiedenen Arbeitsgruppen dachten wir darüber nach, wie Theorie in Praxis umzusetzen ist, und ich erlebte die überwältigende Bereitschaft, die eigene Praxis zu verändern und sich bei der Raumgestaltung auch noch des kleinsten Details liebevoll anzunehmen. Stellvertretend für die vielen begeisterungsfähigen Erzieherinnen, mit denen ich zusammenarbeitete, möchte ich Ulla Golmer-Kröbl nennen, deren großartige Arbeit in der Hamburger Krippe Tornquiststraße ich noch heute bewundere. Unserem Austausch über ihre Krippenpädagogik verdanke ich entscheidende Impulse.

Zu Beginn der neunziger Jahre traf ich auch auf einen visionären Menschen, mit dem der Dialog nach wie vor sehr beflügelnd ist – nicht zuletzt, weil er aus einem ganz anderen Arbeitsgebiet kommt. Die Rede ist von dem Tischler und Künstler Matthias Buck, dem Sie, liebe Leserin, lieber Leser, und ich verdanken, dass die in diesem Buch vorgestellten raumgestalterischen Ideen Wirklichkeit geworden und zu sehen sind.

Auch deswegen, weil er sein Berufsleben lang etwas völlig anderes gemacht hat als ich, indem er sich wissenschaftlich mit der Entwicklung der Potentiale von kleinen Kindern beschäftigt, fühle ich mich bereichert durch die Zusammenarbeit mit Gerd E. Schäfer.

Mein ganz ausdrücklicher Dank gilt Erika Berthold. Sie ist die wunderbarste Lektorin, die man sich vorstellen kann. Bedanken möchte ich mich auch bei Klaus Dombrowsky, dem Fotografen der meisten Bilder, für sein Engagement für dieses Buch.

Das innigste Dankeschön sage ich meiner Mutter, die die Entstehung dieses Buches durch ihre Anteilnahme und praktische Unterstützung sehr befördert hat.

Angelika von der Beek
Hamburg, im November 2013

Literatur

Liebe Leserin, lieber Leser,
in den Fußnoten habe ich die von mir verwendete Literatur angegeben.

An dieser Stelle führe ich nur die Bücher auf, die ich Ihnen unbedingt ans Herz legen möchte:

von der Beek, A.: Pampers, Pinsel und Pigmente. verlag das netz 2007

von der Beek, A./Buck, M./Rufenach, A.: Kinderräume bilden. Cornelsen Scriptor 2006

Gopnik, A./Kuhl, P./Meltzoff, A.: Forschergeist in Windeln. Piper Taschenbuch 2007

Grimm, G./Bodenburg, I.: So werden Kinder sauber. Rowohlt Taschenbuch 2000

Pikler, E. u. a.: Lasst mir Zeit. Plaum Verlag 2003

Schäfer, G. E./Alemzadeh, M.: Wahrnehmendes Beobachten, verlag das netz 2012

Schäfer, G. E. (Hrsg.): Bildung beginnt mit der Geburt. Cornelsen Scriptor 2012

Stern, D.: Tagebuch eines Babies. Was ein Kind sieht, spürt, fühlt und denkt. Piper Taschenbuch 2011

Türkisch-deutsche Elternbriefe. Hrsg. vom Arbeitskreis Neue Erziehung e.V., Hasenheide 54, 10967 Berlin, eMail: ane@ane.de

Winnicott, D. W.: Vom Spiel zur Kreativität. Klett-Cotta 2012

Die folgenden beiden Bücher sind leider vergriffen. Vielleicht können Sie sie antiquarisch besorgen oder sich mit der Bitte an die Verlage wenden, diese Bücher wieder aufzulegen, weil sie dringend gebraucht werden:

Widlöcher, D.: Was eine Kinderzeichnung verrät. Fischer Taschenbuch 1984

Zimmer, K.: Das wichtigste Jahr. Kösel Verlag 1993

Bildungsräume von Drei bis Sechs

In Wort und Bild unterbreitet Angelika von der Beek Ihnen Vorschläge zur Entwicklung von Bildungsräumen für Kinder von drei bis sechs Jahren. Dabei knüpft sie an das »Hamburger Raumgestaltungskonzept« an, das sie mit Matthias Buck und Hamburger Pädagoginnen entwickelte, empfiehlt Materialien, beschreibt Qualitätskriterien und gibt praktische Tipps zur Umsetzung einer Pädagogik, die sich sowohl an der Offenen Arbeit als auch an der Reggio-Pädagogik orientiert und Anregungen aus der gemeinsamen Betreuung behinderter und nichtbehinderter Kinder integriert. Auf 264 Seiten finden Sie Anregungen zum Nachdenken über pädagogische Grundpositionen, vor allem aber Empfehlungen für die Gestaltung und Ausstattung von ...

- Eingängen, Fluren, Hallen und Plätzen für Eltern
- Garderoben
- Kinderrestaurants
- Räumen für Musik
- Bau- und Werkräumen
- Rollenspiel- und Theaterräumen
- Bewegungsräumen
- Ateliers und Schreibwerkstätten
- Sanitär- und Wasserspielräumen sowie
- Räumen für Erwachsene

... verbunden mit Exkursen in die Geschichte der mathematischen Bildung im Kindergarten, in den Bildungsansatz und in die Mathematik als Wissenschaft vom Musterbilden. Eine Ermutigung für Erzieherinnen und Eltern, eine Orientierung für die Träger- und Bildungspolitik.

Angelika von der Beek
Bildungsräume für Kinder von Drei bis Sechs
264 Seiten, mit vielen farbigen Fotos
ISBN 978-3-937785-89-9
26,90 Euro